보물을
지켜 낸 사람들

| 참고 자료 |

도서
'간송 선생님이 다시 찾은 우리 문화유산 이야기' 한상남 저, 김동성 그림, 샘터, 2005년 '간송 전형필' 이충렬 저, 김영사, 2010년 '교과서에 나오는 유네스코 세계 문화유산, 아시아' 이형준 저, 시공주니어, 2009년 '루브르는 프랑스 박물관인가' 이보아 저, 민연, 2002년 '모뉴먼츠 맨' 로버트 M. 에드셀 저, 박중서 역, 뜨인돌, 2012년 '수난의 문화재' 문화재청 편, 눌와, 2008년 '위대한 유산 74434' MBC 느낌표 위대한 유산 74434 제작팀 저, 지식의숲, 2007년 '유네스코가 선정한 세계 유산' 뿌리와문화체험교실 저, 애플비, 2009년 '채채의 그림자 정원' 이향안 저, 김호랑 그림, 현암사, 2011년 '클레오파트라의 바늘' 김경임 저, 홍익출판사, 2009년 '한국 문화재 수난사' 이구열 저, 돌베개, 2013년 '한국의 문화유산' 최정호 저, 나남, 2004년 '황제의 무덤을 훔치다' 웨난 등저, 정광훈 역, 돌베개, 2009년

방송 '콩강 4900킬로미터 물길을 가다' 관악방송

기사
'복원 손길 기다리는 캄보디아 앙코르와트' 동아일보, 1989년 6월 28일
'앙코르와트 보존·복원 한국도 본격 뛰어든다.' 세계일보, 2013년 6월 19일
'캄보디아 앙코르 와트 등 문화유산 자랑, 킬링필드 벗고 새 관광 명소로' 한겨레, 1995년. 11월 10일

| 이 책에 실린 사진에 대한 저작권과 출처는 다음과 같습니다. |

8p 훈민정음 ⓒ Kbarends   **19p** 금동여래입상 ⓒ 문화재청   **20p** 성모자상을 구하는 모뉴먼츠 맨 ⓒ Bundesdenkmalamt Wien   **31p** 성모자상 ⓒ Jean-Pol GRANDMONT   **32p** 앙코르 와트 ⓒ Diego Delso   **33p** 앙코르 와트 ⓒ BHarald Hoyer   **43p** 압사라 ❶ ⓒ Anandajoti, 압사라 ❷ ⓒ Diego Delso, 압사라 ❸ ⓒ Bluesy Pete   **44p** 멜리나 메르쿠리 ⓒ Björn Roos, 파르테논 마블스 ⓒ Andrew Dunn   **45p** 파르테논 신전 ⓒ Jorge Láscar, 파르테논 마블스 ⓒ Yair Haklai   **53p** 루브르 박물관 ⓒ Alvesgaspar, 밀로의 비너스 ⓒ Mattgirling, 스핑크스 ⓒ Hedwig Storch   **54p** 조선왕조실록 ⓒ Salamander724   **65p** 소의문터, 숭례문 ⓒ 현암사   **66p** 아부심벨 유적 ⓒ PHedwig Storch   **67p** 아부심벨 유적 프로젝트 ⓒ Per-Olow   **75p** 아부심벨 왼쪽, 전체 ⓒ Than217, 아부심벨 오른쪽 ⓒ Ad Meskens   **76p** 시중신 ⓒ 佚名   **76~77p** 시안 성벽 ⓒ Maros   **77p** 토용 ⓒ Nee   **87p** 건물 ⓒ 猫猫の日記本, 토용 ⓒ Camphora   **88p** 카불 박물관 ⓒ Carl Montgomery   **89p** 카불 박물관 ⓒ Michal Hvorecky   **101p** 1944년 파리 ⓒ Hneyr R, 현재의 파리 ⓒ Taxiarchos228   **108p** 현재의 덕수궁 ⓒ travel oriented

한국저작권위원회   **19p** 금동삼존불감, 청자모자원형연적, 청자상감유죽연로원앙문정병   **65p** 옛 소의문, 옛 숭례문   **109p** 19세기 덕수궁

wikimedia commons
9p 청자상감운학문매병, 혜원풍속도   **20p** 모뉴먼츠 맨 사진들   **31p** 겐트 제단화   **53p** 모나리자   **55p** 경기전   **67p** 유네스코 로고   **88p** 틸라 테페 유물   **89p** 내전으로 파괴된 카불   **99p** 바미안 석불   **100p** 폰 콜티즈

보물을 지켜 낸 사람들

초판 1쇄 발행 | 2015년 6월 15일
초판 3쇄 발행 | 2017년 5월 15일

글쓴이 | 이향안   그린이 | 홍정선   펴낸이 | 조미현

책임편집 | 황정원   디자인 | 디자인 나비

펴낸곳 | (주)현암사   등록 | 1951년 12월 24일 · 제10-126호
주소 | 04029 서울시 마포구 동교로12안길 35   전화 | 02-365-5051   팩스 | 02-313-2729
전자우편 | child@hyeonamsa.com   홈페이지 | www.hyeonamsa.com
페이스북 | www.facebook.com/hyeonami   블로그 | blog.naver.com/hyeonamsa

ⓒ이향안, 홍정선 2015

ISBN 978-89-323-7396-6 73900

이 도서의 국립중앙도서관 출판예정도서목록(CIP)은 서지정보유통지원시스템 홈페이지(http://seoji.nl.go.kr)와
국가자료공동목록시스템(http://www.nl.go.kr/kolisnet)에서 이용하실 수 있습니다. (CIP제어번호:CIP2015014537)

● 이 책은 저작권법에 따라 보호를 받는 저작물이므로 저작권자와 출판사의 허락 없이 이 책의 내용을
  복제하거나 다른 용도로 쓸 수 없습니다.
● 책값은 뒤표지에 있습니다. 잘못된 책은 바꾸어 드립니다.
● 현암주니어는 (주)현암사의 아동 브랜드입니다.

보물을
지켜 낸 사람들

이향안 글 · 홍정선 그림

현암
주니어

차례

작가의 말 6

간송 전형필
민족의 보물을 지켜 내다! 8

모뉴먼츠 맨
제2차 세계 대전의 화염 속에서
인류 역사를 지켜 낸 사람들 20

압사라 재단과 앙코르 보존 위원회
앙코르 와트를 복원하는 사람들 32

멜리나 메르쿠리
파르테논 마블스는 그리스 문화유산이다! 44

안의와 손홍록
마지막 '조선왕조실록'을 지켜라! 54

유네스코
수몰 위기에 빠진
아부심벨 유적을 구하라! 66

시중쉰
중국 시안 성벽을 지켜 내다 76

카불의 7인의 열쇠지기
아프가니스탄의 보물을 지켜 낸 사람들 88

폰 콜티즈
프랑스 파리를 지켜 내다! 100

작가의 말

혹시 '모뉴먼츠 맨'이라는 말을 들어본 적 있나요? 모뉴먼츠 맨은 제2차 세계 대전 당시 존재했던 특별한 부대랍니다. '모뉴먼츠 맨'은 '기념물 전담 부대'라 불린 특수 부대인데, 전쟁 중에 파괴되는 소중한 문화유산들을 지켜 내는 일을 했어요.

'문화유산을 지켜 내는 군인들이 있었다고?' 아마도 고개를 갸웃하는 사람들도 있을 거예요. '나라를 위해 적과 싸워야 하는 것이 군인인데, 한갓 문화재를 지켜 내기 위해 싸우는 부대라니!' 하며 어쩜 혀를 끌끌 차며 콧방귀를 뀌는 사람도 있을 거예요.

그런데 조금만 더 생각해 보면 이런 질문을 하게 되지요.

'목숨조차 보장받지 못하는 전쟁터에서 문화유산을 지켜 내기 위해 화염 속으로 뛰어든 군인들이 있었다고? 그럼 그만한 이유가 있지 않을까? 문화유산이 그렇게 소중한 걸까? 왜 많은 사람들이 문화유산을 지켜 내기 위해 목숨을 걸었던 걸까?'

'보물을 지켜 낸 사람들'은 바로 이런 질문에서부터 시작된 책이랍니다. 이 책 속에는 문화유산을 지켜 내기 위해 애쓴 수많은 사람들의 이야기와 사연이 담겨 있어요.

물속으로 사라져 버릴 아부심벨 유적을 지켜 내기 위해 애쓴 유네스코 이야기와 앙코르 와트 유적 복원을 위해 힘을 합친 세계 각국의 이야기, 불바다가 되어 버릴 위기에서 프랑스 파리를 지켜 낸 폴 콜티즈와 아프가니스탄의 보물을 지켜 낸 7인의 이야기, 목숨을 걸고 우리나라의 문화유산을 지켜 낸 안의와 손홍록, 그리고 간송 전형필의 이야기 등등…….

이 책 속의 이야기는 모두 문화유산을 파괴하려는 자와 그것을 지켜 내려는 자들의 이야기인데, 첩보 작전을 방불케 할 정도로 흥미진진하고 감동적이지요.

왜 그들은 첩보 영화 같은 위험한 일들을 벌여 나간 걸까요? 그들이 지키고자 했던 문화재들은 과연 무엇일까요?

사전을 찾아보면, 문화재는 '조상들이 남긴 유산 중 역사적, 문화적 가치가 높아 보호해야 할 것'이라고 적혀 있어요. 하지만 이 책을 읽다 보면 절로 깨닫게 될 거예요. 문화재는 단지 역사적, 문화적으로만 가치가 높은 유산이 아니란 걸 말이에요. 문화재는 그 민족의 뿌리이자 정신이며 동시에 인류 전체의 보물이란 걸 말이에요.

자라나는 우리 어린이들은 다가 올 미래에 이 나라의 문화유산을 지켜 나갈 사람들이에요. 그 때문에 우리 어린이들이 문화유산의 가치를 깨닫고 소중히 하는 마음을 기르는 일은 매우 중요하지요.

비록 적은 분량의 책이지만, '보물을 지켜 낸 사람들'이 우리 어린이들에게 진정한 보물의 의미와 가치에 대해 깊이 생각해 볼 수 있는 계기가 되어 주길 바랍니다.

이향안

간송 전형필
민족의 보물을 지켜 내다!

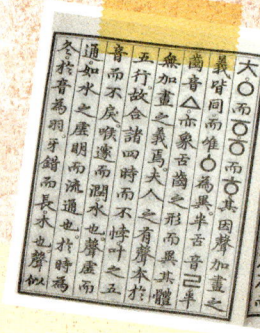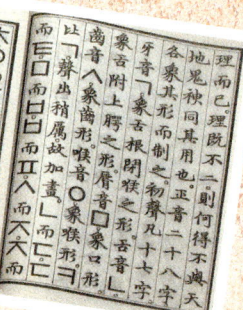

국보 제70호 훈민정음

간송 전형필
(1906.7.29~1962.1.26)

당대 최고의 갑부 집에서 태어난 전형필은 24세의 나이에 집안의 모든 재산을 물려받았어요. 아버지의 뜻에 따라 법학을 공부했지만, 법조인의 길을 포기하고 미술품을 모으는 수장가가 되기로 마음먹었지요. 일제 치하에서 일본과 서양으로 마구 밀반출되는 우리나라의 예술품들을 지켜 내기 위한 결정이었어요. 그가 지켜 낸 예술품들은 광복 후에 12점이 국보로, 10점이 보물로, 4점이 서울시 지정문화재로 지정될 만큼 값진 것들이었지요. 그 때문에 사람들은 그를 '민족 문화유산의 수호자'라고 부르고 있어요.

서울 성북동에 가면 특별한 미술관이 있어요.
우리나라 최초의 근대식 사립 미술관인 간송 미술관이지요.
'간송'은 전형필이란 사람의 아호(雅號, 예술가들의 본명 이외에 쓰는 이름인 '호'를 높여 부르는 말)로, 전형필이 평생 모은 예술품들이 소장된 곳이에요.
간송 미술관은 우리나라의 '보물의 집'과도 같은 곳이랍니다.
우리나라의 국보급 문화재와 보물급 문화재가 가득하기 때문이지요.
그 당시 전형필은 우리 문화재들이 가장 많이 파괴된 일제 시대와 육이오! 전 재산을 바쳤어요. 우리 문화재들을 구해 내기 위해
우리나라 문화유산의 집, 간송 미술관!
그곳엔 어떤 문화재들이 있을까요?
간송 전형필은 어떻게 그것들을 지켜 냈던 걸까요?

국보 제68호
청자상감운학문매병

국보 제135호 혜원풍속도

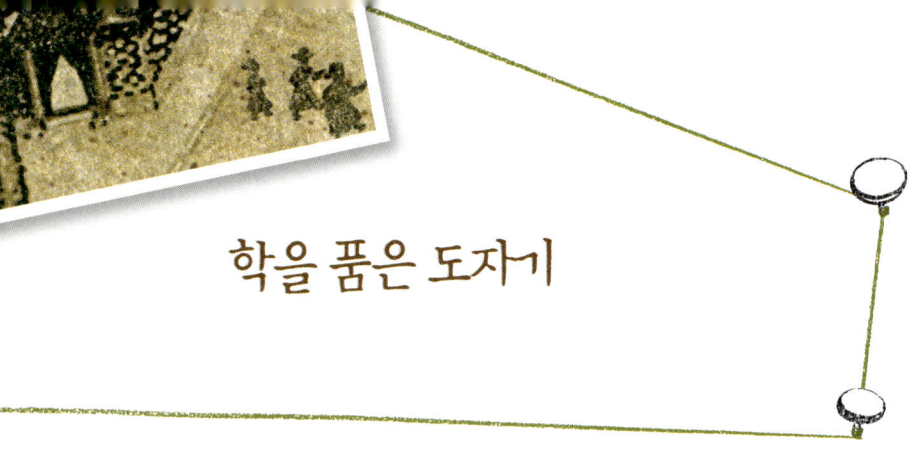

학을 품은 도자기

1935년 어느 날, 간송은 가슴 뛰는 소식을 들었어요.

"보물 중의 보물이 나타났어요!"

일본 골동품상인 마에다라는 사람이 도자기 한 점을 팔기로 했다는 소식이었지요.

"아름다운 옥색의 청자인데, 천학매병이라는 이름이 붙은 고려 최고의 걸작이랍니다."

옥색의 청자라면 고려청자가 틀림없었어요. '매병'이란 매화나무를 꽂아 두거나 매화주를 담아 두는 용도로 사용한 도자기이지요. 그런데 천 마리 학을 품은 매병이라니!

"매병엔 수많은 학이 그려져 있는데, 도자기를 살살 돌려 보면 그 학들이 훨훨 날아오르는 것 같은 착각이 든다지 뭡니까. 도자기를 돌릴 때마다 학이 날아오르니 그 수가 수천 마리가 넘을 밖에요. 그래서 천학매병이라 부르게 됐다지 뭡니까."

간송은 천학매병이 최고의 걸작이란 확신이 들었지요.

"그 도자기가 얼마에 나왔소?"

"값이 어마어마합니다. 이만 원에 팔겠다는군요."

으리으리한 기와집이라도 천 원이면 살 수 있지요. 그런데 도자기 하나의 값이 2만 원이라니! 기와집을 20채나 살 수 있는 거금이지 뭐예요.

"값이 그 정도로 어마어마하니 일본 수집가들도 선뜻 나서지 못하고 있는 거로군."

하지만 간송은 망설임이 없었어요. 일본 수집가들의 손에 들어가기 전에 고려청자를 찾아와야 한다는 생각뿐이었지요.

"이만 원을 준비할 테니 당장 마에다에게로 갑시다."

마에다 집으로 가는 간송의 걸음은 기대와 흥분으로 떨렸어요.

'고려 시대의 우리 조상이 빚은 고려청자라니! 얼마나 아름다울까?'

상상만으로도 가슴이 벅차올랐지요.

그런데 막상 천학매병을 마주하자, 간송은 가슴이 울컥하지 뭐예요. 구름을 가르며 하늘로 올라가는 수많은 학! 그 학들을 품은 옥빛의 청자는 너무도 아름다웠어요.

'조상님이 빚은 이 아름다운 청자가 어찌 일본인 골동품상이 파

는 상품 취급을 받아야 한단 말인가.'

 천학매병이 일본인 골동품상의 손에 들어간 과정을 생각하니 가슴이 아프고 저렸던 거지요.

 일제에 나라를 빼앗긴 이후, 조선의 백성들은 압박과 설움의 날들을 보내고 있었어요. 제 나라의 말과 글도 빼앗긴 채 식민 치하의 고통을 온몸으로 겪고 있었지요.

 그런데 고난을 겪는 건 백성만이 아니었어요. 나라 안의 문화유산도 백성과 같은 처지였거든요. 값진 유물들이 모두 파헤쳐져서 일본으로 실려 갔어요. 오래된 건물들은 파괴되고, 역사가 담긴 책과 그림, 탑이나 궁궐까지 마구 파괴되고 있었지요.

천학매병도 마찬가지였어요. 일본 도굴꾼들이 고려 시대 장군의 무덤을 마구 파헤쳐서 찾아낸 도굴품이었던 거예요.

'네 처지가 핍박받는 우리 백성들의 처지와 똑같구나.'

천학매병을 바라보는 간송의 마음에선 피눈물이 흘렀지요.

도굴된 물건은 일단 일본으로 팔려 나가면 다시는 조선 땅으로 돌아올 수 없단 사실을 간송은 너무도 잘 알고 있었으니까요. 일본으로 끌려가 조국으로 돌아오지 못하는 이 나라의 백성들처럼 말이에요.

간송은 그 자리에서 당장 가방을 열어 값을 치렀어요. 그리고 굳게 다짐을 했답니다.

'너를 절대로 이 나라 밖으로 팔려 나가게 놔두지 않을 것이다. 내 재산을 다 주고라도 너를 지켜 낼 것이야.'

천학매병을 간송이 샀다는 소문은 금세 퍼져 나갔어요. 그러자 그 가치를 알아보고 다시 되사려는 일본 수집가들이 간송을 찾아왔지요.

"사만 원을 줄 테니 내게 파시오."

당장 두 배의 이득을 올릴 수 있는 기회였어요. 하지만 간송은 고개를 절레절레 저었답니다.

'이놈! 두 배가 아니라 열 배, 스무 배를 준다한들 내가 팔 것 같으냐. 재산을 모두 잃는다 해도 내 나라의 보물을 네놈들에게 다시 빼앗기진 않을 것이다.'

우리 문화유산의 보물 창고, 간송 미술관

간송이 일본 골동품상에게서 2만 원이란 거금에 사들인 천학매병은 우리나라 국보 제68호인 '청자상감운학문매병'이에요. 고려 선조들의 청자 기술을 보여 주는 작품으로, 현재 전해지는 우리나라 청자 유물 중 으뜸으로 꼽히는 작품이에요.

만약 그 당시 간송이 천학매병을 사들이지 않았다면 어떻게 되었을까요? 아마도 일본 땅으로 넘어가서 다시는 우리나라로 돌아오지 못하는 안타까운 보물이 되었을 거예요.

이처럼 간송이 지켜 낸 보물은 한두 작품이 아니랍니다. 조선 최고의 미술가 중 한 사람인 신윤복의 화첩과 한글의 역사를 알려 주는 훈민정음 해례본 등 돈으로 계산할 수 없을 정도로 값진 문화유산들이 간송에 의해 지켜졌어요.

그것들을 지켜 내기 위한 간송의 노력은 눈물겨울 정도였어요. 이미 일본으로 실려 가 버린 신라 탑을 찾기 위해 일본을 오가며 애

를 쓰고, 헐값에 속절없이 팔려 나가는 문화유산들을 지켜 내기 위해 전국을 헤매 다녔지요. 해방 후 육이오 전쟁이 터졌을 땐, 문화유산들을 지키려고 피난 갈 엄두조차 내지 못했어요.

간송은 이렇게 지켜 낸 보물들을 잘 보관하는 일도 자신의 몫이라고 여겼어요. 그래서 남은 재산을 털어 '보화(빛나는 보물을 모아 두다)각'이라는 박물관을 지었지요. 바로 지금의 '간송 미술관'이랍니다.

간송은 이처럼 일제 치하와 전쟁으로 사라질 위기에 놓인 우리의 문화유산을 지키고 찾아내는 일에 평생을 바쳤어요. 그의 재산은 모두 문화유산을 찾고 지키는 일에 쓰였지요.

그런데 간송의 이야기를 듣다 보면 누구나 이런 의문을 가지게 될 거예요. '간송은 왜 그토록 어려운 길을 선택했을까? 마음만 먹었다면 물려받은 재산으로 그 누구보다 편하고 쉬운 삶을 살 수 있었을 텐데.'

그 대답은 독립운동가이자 간송의 스승이었던 오세창 선생의 말에서 찾을 수 있어요. 간송은 오세창이 들려준 이 말을 늘 가슴에 간직했답니다.

"동서고금을 막론하고 문화 수준이 높은 나라가 낮은 나라에 영

원히 합병된 역사는 없지. 그것이 바로 문화의 힘이라네. 그렇기 때문에 일제가 수단 방법을 가리지 않고 우리 문화유적을 자기네 나라로 빼앗아 가려고 하는 것일세. 그러니 우리 힘으로 그것들을 지켜 내야 하네."

일본 땅으로 넘어가는 문화유산을 지켜 내는 일! 그 일이 간송에게는 나라를 지켜 내는 독립운동, 즉 문화 독립운동이었던 거랍니다.

> 간송 미술관에 있는
> 최고의 문화유산들

간송 미술관엔 엄청난 양의 문화유산들이 간직되어 있어요. 간송 미술관은 해마다 두 차례씩 미술관을 개방해서 관람객들에게 무료로 전시를 하고 있지요. 그중 국보와 보물로 정해진 문화유산은 다음과 같이 22점이나 된답니다.

국보 제65호 청자기린유개향로, 국보 제66호 청자상감유죽연로원앙문정병, 국보 제68호 청자상감운학문매병, 국보 제70호 훈민정음, 국보 제71호 동국정운 1권과 6권, 국보 제72호 금동계미명삼존불입상, 국보 제73호 금동삼존불감, 국보 제74호 청자압형수적, 국보 제135호 혜원풍속도, 국보 제149호 동래선생교정북사상절, 국보 제270호 청자모자원형연적, 국보 제294호 청화백자철사진사국화문병, 보물 제238호 백자박산향로, 보물 제283호 금보, 보물 제284호 금동여래입상, 보물 제285호 금동보살입상, 보물 제286호 청자상감포도동자문매병, 보물 제287호 분청사기박지철채화문병, 보물 제348호 분청사기상감모란문반합, 보물 제349호 청자상감모자합, 보물 제579호 괴산외사리승탑, 보물 제580호 문경오층석탑

국보 제73호 금동삼존불감

국보 제66호 청자상감유죽연로원앙문정병

보물 제284호 금동여래입상

국보 제270호 청자모자원형연적

모뉴먼츠 맨
제2차 세계 대전의 화염 속에서 인류 역사를 지켜 낸 사람들

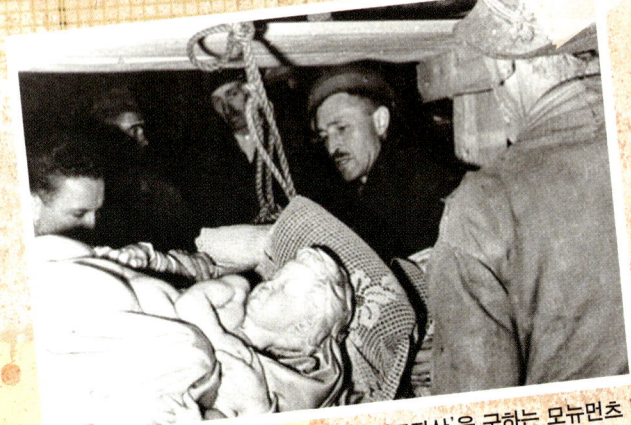

'성모자상'을 구하는 모뉴먼츠 맨

모뉴먼츠 맨

모뉴먼츠 맨의 본래 이름은 MFAA(Monuments, Fine Arts, and Archives section), '기념물, 예술품, 그리고 기록물 전담 부대'예요. 전쟁 중에 파괴되는 인류 문화유산의 피해를 줄이기 위해 연합군에서 만든 기념물 전담 부대지요. 1943년부터 1951년까지 활동한 이 부대는 미술 및 건축 분야의 전문가들로 구성되었는데, 제2차 세계 대전 중에 파괴될 위기에 처한 중요한 기념물의 피해를 최소화하는 임무를 맡았어요.

'겐트 제단화'를 복원하는 모뉴먼츠 맨

1939년부터 1945년까지 전 세계는 화염에 휩싸였어요.
제2차 세계 대전이라는 끔찍한 전쟁이 벌어졌거든요.
독일의 독재자인 히틀러가 이탈리아, 일본과 손을 잡고
세계 정복을 꿈꾸며 일으킨 전쟁이지요.
전쟁의 피해는 엄청나서 약 천만 명이 넘는 사람이 죽고,
오랜 역사를 자랑하던 수많은 도시와 마을 들이 폭파되었답니다.
히틀러 세력에 맞서 싸우는 연합군들의 고통도
이만저만이 아니었어요. 그런데 그 연합군들 속에는 특별한
군인들이 있었어요. '모뉴먼츠 맨(Monuments Men)'으로
불리는 '기념물 전담 부대'였어요. 전쟁 중에 파괴되는
소중한 문화유산들을 지켜 내는 일을 맡은 군인들이지요.
전투를 벌이는 군인이 아니라 문화유산을 지키는 군인이라니!
과연 모뉴먼츠 맨은 어떤 사람들일까요?

'겐트 제단화'를 복원하는 모뉴먼츠 맨

구해 낸 그림을 들고 웃고 있는 모뉴먼츠 맨

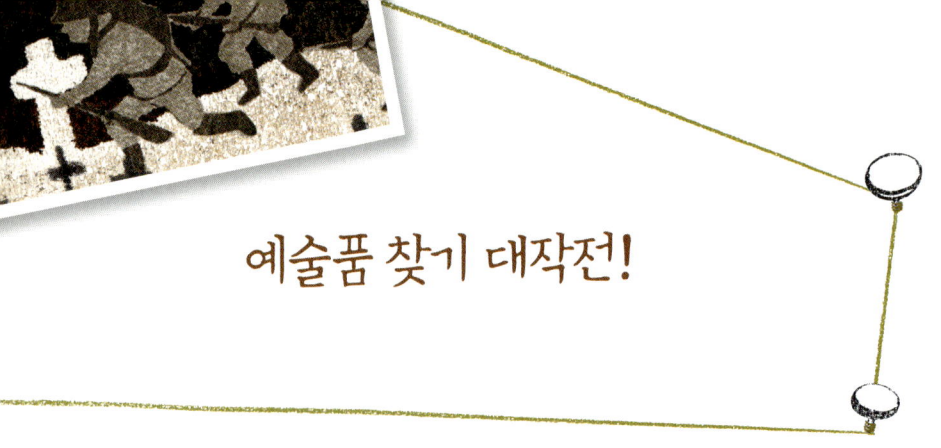

예술품 찾기 대작전!

제2차 세계 대전의 막바지, 전쟁의 기선을 잡은 연합군이 독일을 향해 물밀듯이 몰려가고 있었어요.

"전력을 다해 독일의 항복을 받아 내라!"

독일을 향한 연합군의 총력전이 시작된 거예요. 전쟁이 연합군의 승리로 마무리되어 가고 있다는 증거였어요. 그러자 '기념물 전담 부대'인 모뉴먼츠 맨에겐 특별한 임무가 내려졌어요.

"히틀러에 의해 강탈당한 예술 작품과 문화유물을 찾아내라!"

독일의 지도자인 히틀러는 각 나라를 공격할 때마다 전리품으로 예술품들을 빼앗아 갔어요. 회화와 조각, 건축물과 도자기 등 훌륭한 예술품을 닥치는 대로 강탈했지요. 히틀러가 전 세계적으로 약탈한 예술품은 약 21,000점! 히틀러는 이렇게 훔친 예술품으로 세상에서 가장 거대한 미술관을 세우려는 계획까지 세우고 있었어요.

그런데 전쟁에서 패배할 위기에 놓이자, 히틀러가 뜻밖의 결정을 내렸지 뭐예요.

"히틀러가 독일군에게 그동안 모아 놓은 예술품들을 폭파하라는 명령을 내렸다는군. 전쟁에서 지면 어차피 자신들이 가질 수 없을 테니까, 차라리 없애 버리기로 한 거지. 세계 각국의 예술품들은 인류의 역사와도 같아. 그걸 자신의 소유물처럼 생각하다니! 히틀러는 정말 용서할 수 없는 인간이군."

소식을 접한 모뉴먼츠 맨들은 분노했어요.

"어떡하든 예술품들을 구해 내야 해! 소중한 문화유산들이 한 줌 재로 사라지는 걸 그냥 두고 볼 순 없어."

모뉴먼츠 맨들은 애가 탔지요.

하지만 모뉴먼츠 맨들 손에 주어진 것은 히틀러가 약탈한 작품 목록과 사람들의 불확실한 증언뿐! 감춰진 장소가 어디인지는 알 수가 없었지요. 게다가 시간이 턱없이 부족했어요.

"당장 구해 내지 않으면 수많은 예술품들이 폭파되고 말 거야!"

모뉴먼츠 맨들은 직접 의심되는 장소들을 찾아나서야 했어요.

"저 오래된 성당 안에 있을지도 몰라."

"저 낡은 건물 속에 숨겨 두었단 정보가 있어."

하지만 총알과 포탄이 날아드는 전쟁터에서 예술품을 찾는 일은 만만한 일이 아니었어요. 수색을 하다가 지뢰를 밟고 죽은 대원이 생기고, 포탄을 맞아 죽은 대원들도 발생했지요.

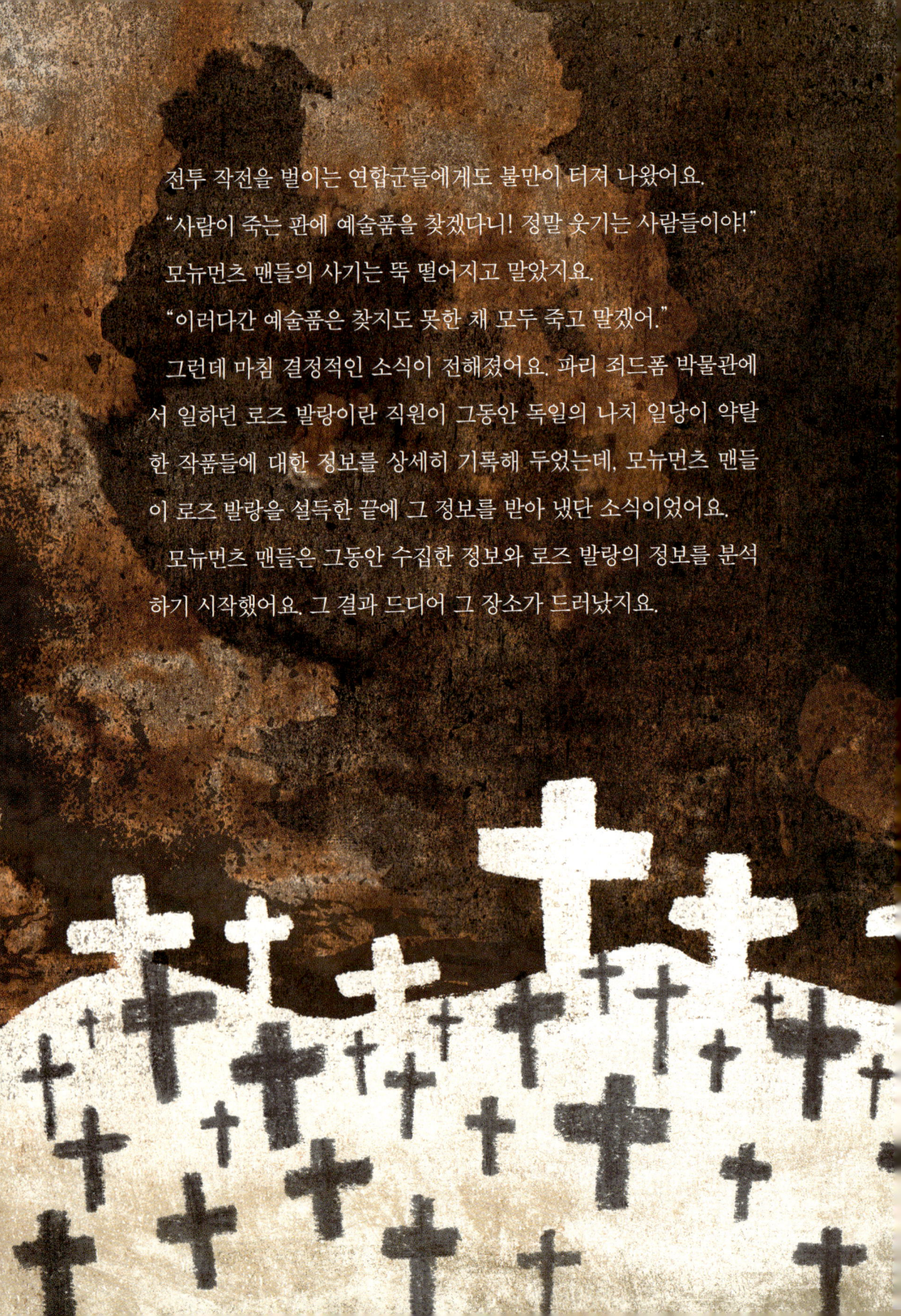

전투 작전을 벌이는 연합군들에게도 불만이 터져 나왔어요.
"사람이 죽는 판에 예술품을 찾겠다니! 정말 웃기는 사람들이야!"
모뉴먼츠 맨들의 사기는 뚝 떨어지고 말았지요.
"이러다간 예술품은 찾지도 못한 채 모두 죽고 말겠어."
그런데 마침 결정적인 소식이 전해졌어요. 파리 죄드폼 박물관에서 일하던 로즈 발랑이란 직원이 그동안 독일의 나치 일당이 약탈한 작품들에 대한 정보를 상세히 기록해 두었는데, 모뉴먼츠 맨들이 로즈 발랑을 설득한 끝에 그 정보를 받아 냈단 소식이었어요.
모뉴먼츠 맨들은 그동안 수집한 정보와 로즈 발랑의 정보를 분석하기 시작했어요. 그 결과 드디어 그 장소가 드러났지요.

"오스트리아 알타우세 소금 광산과 독일 노이슈반슈타인 성이 히틀러의 보물 창고야! 당장 출발해! 독일군들이 폭탄을 터트리기 전에 우리가 찾아내야 해!"

언제 폭탄이 날아들어 수많은 예술품을 잿더미로 만들지 모르는 상황! 모뉴먼츠 맨들은 단 일분도 지체할 수가 없었지요.

특히 알타우세 소금 광산의 예술품을 구해 내는 일은 촉각을 다투는 일이었어요. 이미 다급한 소식들이 전해지고 있었거든요.

"알타우세 소금 광산을 폭파하라는 독일의 명령이 떨어졌다!"

히틀러의 예술품 목록에 의하면 알타우세 소금 광산엔 '성모자상'과 '겐트 제단화'라는 예술품이 숨겨져 있었어요. '성모자상'은 미켈란젤로의 조각품으로 벨기에의 국보급 예술품이고, 얀 반 에이크의 회화인 '겐트 제단화' 역시 네덜란드의 최고 예술품이에요. 두 나라의 국민들이 꼭 되찾고 싶어 하는 문화유산이었지요.

"알타우세 광산으로 출발!"

모뉴먼츠 맨들의 다급한 발길이 광산을 향해 달려가기 시작했어요. 그들의 마음속엔 오직 한 가지 생각뿐이었지요.

'무슨 일이 있어도 폭파를 막아야 해! 소중한 유산들을 지켜 내야 해!'

제2차 세계 대전의
숨겨진 영웅들! 모뉴먼츠 맨

당시 알타우세 소금 광산으로 출발한 모뉴먼츠 맨들은 광산에 닿기도 전에 가슴 철렁한 소리를 들어야 했어요.

'쾅!'

광산에서 들려오는 폭음이었지요. 광산은 이미 폭파되고 말았던 걸까요?

다행히도 폭발한 건 광산의 입구뿐이었어요. 행운과도 같은 일이었지요. 그 행운으로 모뉴먼츠 맨들은 무너진 입구를 헤치고 광산속으로 들어가 '성모자상'과 '겐트 제단화'는 물론, 어마어마한 양의 예술품들을 구해 낼 수 있었답니다. 노이슈반슈타인 성의 예술품들도 무사히 찾아낼 수 있었어요.

모뉴먼츠 맨은 이처럼 제2차 세계 대전이 한창이던 전쟁터에서 인류 역사가 담긴 문화유산을 지켜 내는 일을 했어요.

모뉴먼츠 맨이 가장 먼저 한 일은 전투가 벌어지기 전, 미리 그

지역의 문화유적이나 예술품을 알아내서 연합군에게 그 정보를 알려 주는 일이었어요. 도시를 공격하더라도 이곳만은 피하라는 것이었지요. 어쩔 수 없이 파괴된 건물이나 유적을 보수하는 일도 모뉴먼츠 맨의 중요한 일이었어요.

모뉴먼츠 맨은 전 세계 13개국에서 모인 350여 명의 남녀 요원들이었는데, 전쟁이 끝난 뒤, 위기에서 구한 예술품들의 본래 주인을 알아내고 주인에게 되돌려 보내는 일도 그들의 몫이었답니다. 모뉴먼츠 맨은 전쟁터의 문화유산 수호자들이었던 거지요.

기념물 전담 부대인 모뉴먼츠 맨은 제2차 세계 대전 중에 생겨났는데, 그 시작은 연합군의 실수 탓이었어요.

전쟁이 한창이던 당시, 연합군은 수도원 안에 숨은 독일군을 전멸시킨다며 이탈리아의 몬테 카시노 수도원을 공중 폭격했어요. 그런데 정작 독일군은 없었고 문화유적인 몬테 카시노 수도원만 파괴되고 말았지요. 그 사건으로 연합군은 엄청난 비난을 받아야 했어요. 마침 독일군들이 유럽의 미술품까지 파괴하는 일이 연이어 벌어지자, 전쟁의 화염 속에서 인류 문화유산을 지켜 내야 한다는 여론이 들끓었고, 그 결과 '기념물 전담 부대'가 탄생하게 된 거지요.

모뉴먼츠 맨들은 인류 문화유산을 지켜 내겠다는 사명감으로 폭탄이 터지는 전쟁터에서도 꿋꿋이 제 임무를 수행했어요. 그리고 전쟁이 끝나자, 예술품에 대한 후반 작업을 마무리한 후 해체되었

지요.

그런데 모뉴먼츠 맨들의 이런 활동이 당시엔 환영을 받지 못할 때도 많았어요. 승리가 목표인 전쟁터에서 문화유산을 보존해야 한다며 '이 건물은 폭격하면 안 됩니다. 이곳은 예술품이 많은 곳이니 조심해 주세요.'라고 말하는 모뉴먼츠 맨들이 일반 군인들의 눈엔 작전을 방해하는 훼방꾼으로 보였거든요.

소금 광산에서 예술품을 발견할 당시에도 모뉴먼츠 맨들은 씁쓸한 미소를 지을 수밖에 없었어요. 당시 광산에선 예술품 외에도 히틀러가 숨긴 어마어마한 양의 금이 함께 발견되었는데, 사람들은 찾아낸 예술품들은 본체만체하고 황금에만 환호했거든요. 금덩어리가 오래된 그림, 조각품, 도자기 들보다 값지다고 생각했던 거지요.

그런데 만약 당시 모뉴먼츠 맨이 없었다면 어떻게 되었을까요? 그래서 약탈당한 예술품들이 모두 파괴되었다면 어떤 일이 벌어졌을까요?

전쟁 당시, 세계 곳곳에선 수많은 문화유산들이 파괴되었어요. 그래서 제2차 세계 대전은 '문화재의 암흑시대'로 불릴 정도지요. 문화유산은 그 나라의 역사이자 인류 전체의 역사예요. 모뉴먼츠 맨에 의해 히틀러가 숨긴 예술품들이 돌아오지 못했다면 아마도 현재 전 세계의 미술관이나 박물관은 텅텅 비어 있을지도 몰라요. 지금까지 걸어 온 인류 역사의 발자취들이 모두 사라지는 거지요.

알타우세 소금 광산의 예술품들을 지켜 낸 또 다른 사람들

알타우세 소금 광산의 예술품들은 당시 한 줌 재로 사라질 위기였어요. 이미 광산엔 폭탄이 담긴 나무 상자들이 쌓여 있었거든요. 그리고 광산을 폭파하라는 명령도 내려졌어요. 하지만 당시 광산의 관리자였던 엠메리히 푀흐뮐러와 오토 회글러는 그 명령을 따를 수가 없었어요. 광산은 수많은 광부들의 생계 수단이었으니까요. 고민 끝에 두 사람은 특별한 계획을 세웠어요. 엄청난 파괴력을 지닌 폭탄 대신 다른 폭발물로 광산의 출입구만 폭파시키는 작전이었지요. 폭탄이 터지는 소리로 명령을 따른 것처럼 속이면서도 광산을 지킬 수 있는 방법을 택한 거지요. 그 때문에 모뉴먼츠 맨들은 쾅! 하는 폭발음을 들어야 했던 거예요. 하지만 입구만 폭발한 탓에 예술품들은 무사할 수 있었답니다.

모뉴먼츠 맨이 구해 낸 미켈란젤로의 '성모자상'

모뉴먼츠 맨이 구해 낸 얀 반 에이크의 '겐트 제단화' 일부

모뉴먼츠 맨이 구해 낸 얀 반 에이크의 '겐트 제단화' 일부

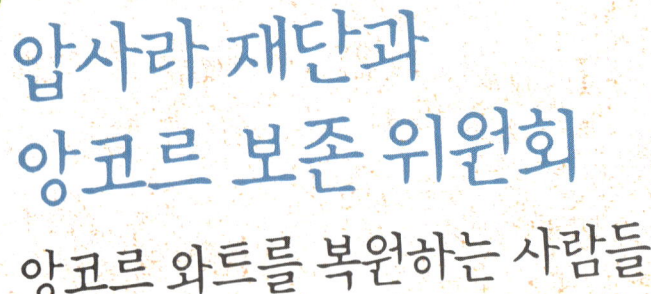

압사라 재단과 앙코르 보존 위원회
앙코르 와트를 복원하는 사람들

압사라 재단과 앙코르 보존 위원회

압사라 재단(APSARA AUTHORITY)은 1995년 2월 19일, 앙코르 와트 유적과 크메르 문화유산을 보호하기 위해 발족한 단체예요. 캄보디아 관광부 산하에 있는 단체로 앙코르 와트 보존과 관리를 총 담당하는 기관이지요. 현재 압사라 재단은 세계 선진 각국이 참가한 앙코르 와트 보존 위원회(CONSERVATION ANGKOR)와 함께 복원 사업을 추진해 가고 있어요. 앙코르 와트 보존 위원회의 대표적인 나라는 프랑스, 독일, 일본 등이에요. 실질적인 복원 공사는 앙코르 와트 보존 위원회가 맡고, 관리하는 일은 압사라 재단이 담당하고 있어요. 우리나라도 최근, 앙코르 와트 복원 사업에 참가를 결정했지요.

세계 곳곳에서는 지금도 많은 문화유산들이 파괴되어 가고 있어요.
전쟁이나 내전, 환경 파괴와 무관심 등 그 이유도 다양하지요.
그런데 한편으론 파괴된 문화유산을 되살리는 작업도 활발하답니다.
세계 문화유산 복원 작업이 바로 그것이지요.
문화유산을 복원하는 일은 여러 나라의 힘을 얻어서
이뤄지는 경우가 많은데, 워낙 큰돈이 들고,
특수한 기술이 필요하기 때문이랍니다.
세계가 함께 복원하고 있는 문화유산 중 대표적인 것이
바로 캄보디아의 앙코르 와트예요.
앙코르 와트 복원 작업을 이끄는 압사라 재단과 앙코르 보존 위원회!
이 단체들은 어떤 일을 하는 걸까요?
앙코르 와트 복원 작업은 왜 시작된 걸까요?

앙코르 와트

앙코르 와트

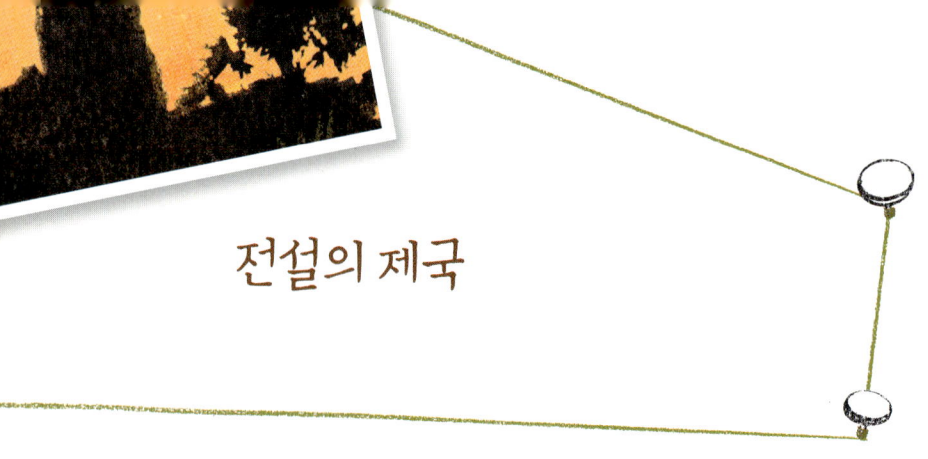

전설의 제국

　1850년, 캄보디아의 톤레사프 호수 북쪽 밀림 속, 프랑스인 가톨릭 신부 뷰오는 원주민들과 밀림 숲을 헤매고 있었어요. 밀림 너머 마을에 선교를 하러 떠났다가 숲에서 길을 잃고 말았거든요.
　"대체 어디로 가야 하는 거지?"
　뷰오는 갈 길을 찾을 수가 없었지요.
　빛조차 들어오지 않는 빽빽한 숲 속! 수시로 들려오는 짐승들의 울음소리는 공포스럽기만 했어요. 굶주림도 참기 힘들었지요.
　길을 헤맨 지도 어느덧 5일째, 뷰오는 낙담했어요.
　"이대로 숲에서 죽고 마는 건가?"
　그때였어요. 빽빽한 나뭇가지 사이로 저만치 환한 빛이 보이지 뭐예요. 빛을 쫓아 숲을 헤치고 나오자 야트막한 언덕도 보였어요.
　언덕 위로 올라간 뷰오는 화들짝 놀라고 말았답니다.
　"저게 뭐지?"

맞은편으로 보이는 거대한 얼굴! 그건 돌탑에 새겨진 부처의 얼굴이었어요. 입이 딱 벌어질 만큼 거대한 돌부처였지요.

뷰오를 따라온 원주민들은 너무 놀란 나머지 들고 있던 총까지 툭 떨어뜨리고 말았지요.

"대체 여기가 어딘 거야? 왜 이런 곳에 돌부처가 있지? 꼭대기까지 올라가서 살펴보자."

뷰오와 원주민들은 언덕의 꼭대기까지 올라가 보았어요. 그런데 그곳에서 내려다본 광경은 더욱 놀랍지 뭐예요.

나무에 뒤덮인 거대한 건물과 가지각색의 석상들……. 그건 거대한 왕궁이었어요. 오래된 나무줄기에 덮여 버린 왕궁! 그곳은 죽음의 왕궁처럼 고요하고 음산했지요. 게다가 뷰오와 원주민들을 무섭게 노려보는 거대하고 기괴한 석상들!

"으아아악!"

뷰오와 원주민들은 비명을 지르고 말았어요. 그리고 정신없이 도망쳐서 밀림을 빠져나왔지요.

그 뒤 뷰오는 프랑스로 돌아갔어요. 그리고 사람들을 만나면 자랑삼아 이야기를 들려주었지요.

"그곳은 죽음의 왕궁이 분명해. 성문 앞에 난 길 양쪽에는 돌 거인들이 서 있었는데, 거인들은 대가리가 일곱 개 달린 큰 뱀을 안고 우리를 노려보고 있었어. 성문으로는 코끼리, 병사, 꽃무늬 같은 것

도 새겨져 있었지. 난 너무 놀라 숨이 멎는 것 같았다니까."

하지만 사람들은 그의 말을 믿지 않았어요. 허깨비를 보았다고 생각한 거지요. 단 한 사람, 탐험가인 앙리 무어 박사만 빼고서 말이에요.

앙리 무어는 생각했어요.

'전설의 도시 앙코르가 아닐까? 그곳이 앙코르 와트일지도 몰라.'

앙리 무어는 인도차이나 반도와 관련된 책을 읽은 적이 있었는데, 거기엔 전설 같은 이야기가 적혀 있었거든요.

'캄보디아는 2000년 전 세워진 나라인데, 899년에 크게 부흥한 왕국이 있었다고 해. 바로 앙코르 왕국으로, 당시 인도차이나 반도의 대부분을 다스린 나라였다지. 앙코르 왕국은 한가운데가 언덕인 앙코르에 수도를 세우고 앙코르 톰이라고 불렀어. 그리고 도시의 뒤편에 거대한 절을 짓고 앙코르 와트(절)라고 했다지.'

  전해 오는 이야기에 의하면 앙코르 왕국은 갑자기 몰락해서 15세기에 없어져 버렸대요. 물론 그 유적들도 사라져 버렸다나요. 그 때문에 앙코르 왕국은 전설로만 전해지고 있었지요.

앙리 무어는 늘 궁금했어요.

'그토록 강성했던 왕국에 대한 이야기가 캄보디아 역사책에 왜 한 줄도 남아 있지 않을까? 왕국이 정말 있긴 했던 걸까?'

궁금증을 견디지 못한 앙리 무어는 결심했어요. 앙코르 왕국을 찾아내서 그 역사를 밝히기로 말이에요.

앙리 무어는 캄보디아로 날아가서 탐험대를 이끌고 밀림으로 들어갔어요. 그리고 마침내 뷰오 신부가 봤다는 그 언덕 위에 올랐답니다.

"우아! 왕궁이야! 저건 앙코르 왕국의 궁전이 분명해!"

전설의 도시 앙코르 왕국이 드디어 전설을 벗고 세상에 모습을 드러낸 거예요.

위기의 왕국을 되살려 낸 앙코르 와트 복원 작업

　전설로만 전해지던 왕국이 실제로 모습을 드러내자, 캄보디아 국민들은 환호했어요. 사라졌던 역사를 되찾은 기쁨에 들떴지요.

　당시 왕국은 오랜 세월 방치된 상태였기 때문에 밀림에 완전히 뒤덮여 있었어요. 세월에 의한 훼손도 심각했지요.

　캄보디아 정부는 프랑스의 도움을 얻어 밀림을 벗겨 내며 왕국을 되살리려고 애를 썼어요. 그런데 앙코르 왕국이 완전히 되살아나기도 전에 다시 사라질 위기에 놓였지 뭐예요.

　1972년 이후, 베트남군과 크메르루주 게릴라가 오랫동안 전쟁을 치르는 사건이 벌어졌거든요. 그 전쟁으로 앙코르 유적들은 엄청나게 파괴되고 말았어요. 2000개나 되던 불상이 겨우 37개만 남을 정도였으니 그 파괴의 규모를 짐작할 수 있답니다.

　전쟁이 끝나고서도 캄보디아 정부는 앙코르 와트에 관심을 가지지 못했어요. 전쟁으로 인한 후유증을 겪다 보니 문화유산을 돌볼

겨를이 없었던 거지요. 그 사이 남아 있던 유적들마저 마구 도난을 당할 수밖에 없었어요. 전설 속에서 간신히 되살아난 왕국이 다시 사라질 위기에 놓인 거예요.

그러자 유네스코는 앙코르 유적의 심각성을 인식했어요. 그래서 앙코르 유적을 세계가 함께 지켜야 할 '세계 문화유산'으로 선정하고, 파괴된 유적을 복원하기로 결정했지요.

하지만 한 번 파괴되어 버린 유적을 되살리는 작업은 호락호락한 일이 아니었어요. 엄청난 돈과 시간이 필요한 일이니까요.

복원 작업은 압사라 재단과 세계 각국이 참가한 앙코르 보존 위원회에서 맡게 되었는데, 전문가들은 앙코르 유적이 제대로 복원되려면 100년 이상 걸릴 거라는 예상을 했답니다. 그리고 지금까지도 앙코르 와트 복원 작업은 계속되고 있지요.

이처럼 어렵게 시작된 앙코르 와트 유적의 복원 사업은 사람들에게 중요한 교훈을 주었어요. 전쟁으로 인한 유적의 파괴는 한순간에 벌어졌답니다. 하지만 그것을 되살리는 데는 엄청난 시간이 필요하단 사실을 앙코르 유적은 전 세계인들에게 일깨워 준 거예요. 더불어 앙코르 유적은 인류에게 문화유산의 의미도 되새겨 주고 있어요.

앙코르 유적은 당시의 세계 역사를 연구하는 데 귀한 자료가 되었어요. 사라졌던 왕국이 되살아나면서 인류 역사에서 사라졌

던 앙코르 왕국의 역사가 되살아났으니까요.

  어쩌면 앙코르 유적은 우리에게 온몸으로 말하고 있는 건지도 몰라요. 문화유산은 그 자체가 인류의 살아 있는 역사라고. 그러니 잘 지켜서 후손들에게 소중하게 전해 달라고.

물의 정령, 압사라

앙코르 와트에는 수많은 신의 모습이 조각되어 있어요. 그 중에서도 압사라가 사람들로부터 많은 사랑을 받고 있지요. 압사라는 '물 위에서 태어났다'라는 의미로, 인간도 신도 아닌 물의 정령을 뜻한답니다. 앙코르 와트 조각 속에서 압사라는 주로 춤을 추는 아름다운 모습으로 등장하는데, 앙코르 와트에 새겨진 압사라 여신상은 1737개에 이를 정도지요. 캄보디아엔 '압사라 댄스'라는 전통 춤도 있어요.

앙코르 와트에 조각된 압사라 ❶

앙코르 와트에 조각된 압사라 ❸

앙코르 와트에 조각된 압사라 ❷

멜리나 메르쿠리
파르테논 마블스는 그리스 문화유산이다!

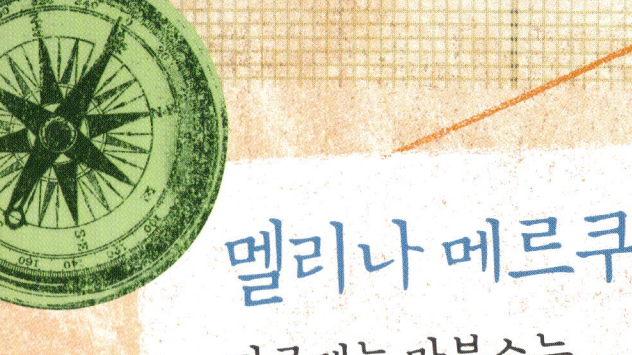

멜리나 메르쿠리

멜리나 메르쿠리
(1920.10.18 ~ 1994.3.6)

정치가 집안에서 자란 메르쿠리는 그리스 국립 연극 학교를 졸업한 뒤 배우로 활동했어요. 1967년에 미국인 영화 제작자와 결혼하면서 미국으로 건너갔지요. 하지만 그리스에서 군사 쿠데타가 발생하자, 고국으로 돌아와 군사 정권에 저항하며 정치가가 되었어요. 1981년에 문화부 장관이 되면서부터 그리스 문화유산 반환 운동에 평생을 바쳤어요.

파르테논 마블스

그리스의 최고 문화유산은 파르테논 신전이에요.
파르테논 신전은 세계 건축사의 가장 빼어난 건축물로 꼽히는데,
신전만큼 아름다운 것이 신전을 장식한 조각품들이지요.
그리스 신화를 바탕으로 정교하게 만든 이 조각품들을
'파르테논 마블스'라고 불러요.
그런데 어찌된 일일까요? 파르테논 마블스는 현재 영국의
대영 박물관에 있지 뭐예요. 당연히 그리스에 있어야 할
파르테논 마블스는 왜 영국에 있는 걸까요?
게다가 그리스는 멜리나 메르쿠리라는 사람을 중심으로
'파르테논 마블스 반환 운동'에 나섰어요.
멜리나 메르쿠리는 누구고,
파르테논 마블스 반환 운동이란 무엇일까요?

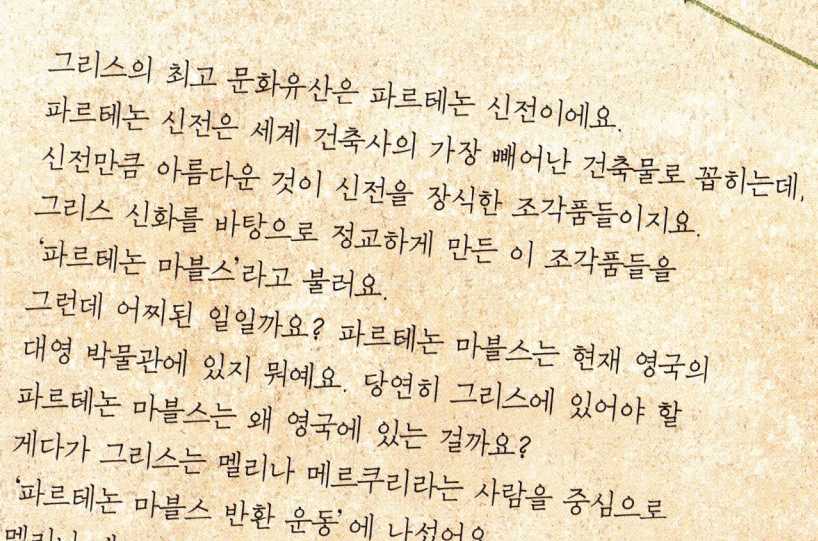

파르테논 신전

파르테논 마블스

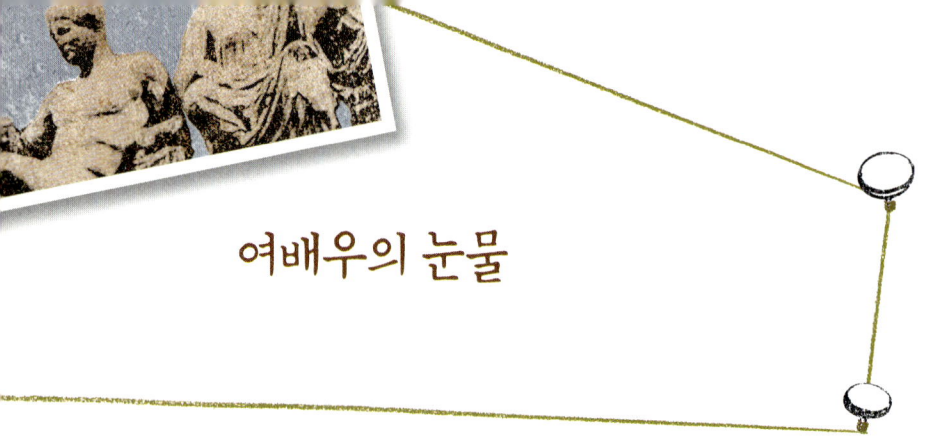

여배우의 눈물

　1962년 어느 날이었어요. 영국 대영 박물관에선 그리스의 영화 '패드라'의 촬영이 한창이었어요. 그리스가 대영 박물관에 촬영 허가를 받고 만드는 영화였지요.

　영화 속의 여배우는 멜리나 메르쿠리. 그런데 대영 박물관으로 들어가는 멜리나 메르쿠리의 마음은 몹시 착잡했어요.

　'이곳에 파르테논 마블스가 있다지? 그 소문이 정말일까?'

　멜리나 메르쿠리의 머릿속은 온통 파르테논 마블스에 대한 생각으로 가득했지요.

　멜리나 메르쿠리는 어린 시절, 아버지와 나누던 대화를 떠올렸어요.

　"파르테논 마블스에 대해 알고 있니? 그건 우리 그리스의 가장 값진 문화유산 중 하나란다."

　"근데 그건 본 적이 없어요. 어디에 있는데요?"

　"영국의 어느 박물관에 있을 거라고 하더구나."

"영국이요? 왜요? 우리나라 문화유산인데 왜 그게 영국에 있나요?"

"파르테논 마블스는 우리가 영국에 어이없이 도둑맞은 문화유산이거든. 1799년에 영국인 엘긴 백작이란 자가 자신의 저택을 꾸미려는 목적으로 파르테논 마블스를 영국으로 가져가 버렸지 뭐냐. 그때부터 파르테논 마블스를 '엘긴 마블스'라고 부른다더구나."

아버지와 나누던 대화를 떠올리자 메르쿠리는 마음이 더 울적해졌지요. 제 나라를 떠나게 된 엘긴 마블스가 우여곡절을 겪다가 영국의 대영 박물관에 전시되었다는 소문을 들었거든요. 그리스는 이 소중한 문화유산을 되찾기 위해 노력했지만, 영국 정부는 파르테논 마블스를 돌려주지 않고 있다는 소문과 함께 말이에요.

다른 나라의 소중한 유산을 마음대로 가져가 버린 엘긴도 미웠지만, 그것을 돌려주지 않는 영국 정부도 메르쿠리는 야속하기만 했어요. 그만큼 파르테논 마블스에 대한 애타는 마음도 커졌지요.

'단 한 번만이라도 파르테논 마블스를 내 눈으로 보고 싶어. 우리 민족의 혼이 담긴 유물을 내 손으로 만져 보고 싶어.'

메르쿠리는 촬영을 하면서도 파르테논 마블스에 대한 생각을 떨칠 수가 없었어요.

그런데 정말 놀라운 일이 벌어졌지 뭐예요. 메르쿠리의 바람이 통한 걸까요? 촬영을 하던 중 갑자기 메르쿠리의 두 눈이 휘둥그레졌거든요. 눈앞에 나타난 대리석 조각들! 메르쿠리는 단번에 조각상

들을 알아봤어요.

"파르테논 마블스!"

그동안 사진으로라도 항상 보았던 탓에 금세 파르테논 마블스를 알아본 거예요.

너무도 보고 싶었던 파르테논 마블스!

그런데 막상 대영 박물관에서 마주한 파르테논 마블스는 메르쿠리를 슬픔에 복받치게 했어요. 조각상들이 이렇게 소리치는 것 같았거든요.

"우리를 조국의 땅으로 데려가 줘! 제발!"

메르쿠리는 조각품을 끌어안고 오열했어요.

"이 문화재는 영국 것이 아니라 우리 그리스의 것입니다. 파르테논 마블스는 무슨 일이 있어도 그리스로 되돌아와야 합니다. 그리스 국민은 누구나 이것을 조국에서 볼 수 있어야 합니다."

메르쿠리는 그날 마음속 깊이 다짐했어요.

'내 평생을 걸고서라도 파르테논 마블스를 꼭 조국으로 되돌아오게 만들 거야!'

파르테논 마블스 반환 운동

파르테논 마블스를 끌어안고 우는 메르쿠리의 모습은 당시 화제가 되었어요. 메르쿠리는 그 뒤 파르테논 마블스 반환 운동에 앞장을 서게 되었지요.

메르쿠리의 파르테논 마블스 반환 운동은 문화부 장관이 되면서 본격적으로 진행되었어요. 1985년 당시 영국 노동당수 닐 키녹에게 파르테논 마블스의 반환을 약속받는 것은 물론, 다양한 행사를 통해 그리스 고대 유적 보존을 위한 기틀을 마련했답니다.

하지만 영국 정부의 태도는 단호했어요. 엘긴이 파르테논 마블스를 영국으로 가져온 과정이 합법적이었다고 주장하며 파르테논 마블스는 영국 정부의 소유라는 것이었어요. 게다가 세계적인 문화유산은 최적의 장소에서 보존되고 연구되어야 하는데, 자신들의 박물관이 가장 적합하다는 주장까지 했어요.

그리스로서는 억울하기 짝이 없는 주장이었지요. 남의 나라 문화유산을 마음대로 파괴하고 가져간 엘긴의 행동은 절대 용서받을 수 없는 행동이지요. 한 나라를 대표하고 그 나라 민족의 혼이 담긴 예술품을 단지 제 집 정원을 가꾸려고 파괴시키다니!

사실 엘긴의 이런 행동은 이미 '엘기니즘'이란 신조어까지 낳으며 비판을 받고 있었어요. 엘기니즘(Elginism)이란 문화재 파괴 행위, 문화재 약탈 행위를 의미하는 말이 되었지요.

게다가 영국 안에서도 비판의 소리가 나오고 있었어요. 영국의 대표 시인인 바이런은 엘긴의 비도덕적인 행동을 비판하며 영국 정부에 파르테논 마블스를 돌려주라고 주장했어요. 훗날 폐허가 된 파르테논 신전을 방문한 바이런은 당시의 비통한 마음을 시로 남겼지요.

이것을 보고 울지 않는 자, 어리석어라.
너의 벽은 마멸되고, 허물어진 신전은 앗아가 버렸다.
이 유적을 보호해야 할 영국인들의 손에
다시는 회복될 수 없으리라.
그것이 고향에서 강탈당했던 그 시간은 저주를 받으라.
또다시 너의 불행한 가슴은 상처 나고
너의 쓰러진 신들은 북쪽의 증오스러운 나라로 끌려갔도다.

-차일드 해럴드의 순례-

하지만 영국 정부는 끄떡도 하질 않았지요.

메르쿠리는 영국 정부를 비판하며 반환 운동을 범국민적인 운동으로 펼쳐 나갔어요.

"모든 문화재는 원래 소유국에게 돌려줘야 한다."

메르쿠리는 유네스코 총회에서도 이렇게 주장하며 결의문까지 채택했어요.

하지만 메르쿠리는 결국 파르테논 마블스가 고국으로 돌아오는 것을 보지 못했어요. 1994년 3월, 그녀가 사망했다는 소식이 전해졌거든요.

그렇다면 메르쿠리가 평생을 바친 반환 운동은 어떻게 되었을까요? 결국엔 헛된 노력으로 끝나 버린 걸까요?

아니랍니다. 그녀의 노력은 전 세계인들에게 약탈 문화재에 관한 문제의식을 일깨워 주는 계기가 되었어요. 그녀의 노력과 그리스인들의 바람은 전 세계적인 문화재 반환 운동의 신호탄이 되었거든요. 강대국에게 문화재를 빼앗겼던 다른 약소국들이 용기를 내어 '문화재 반환 운동'을 벌이는 계기를 만들어 주었던 거예요.

평생을 그리스 문화재 반환 운동에 바친 메르쿠리! 그녀의 죽음 소식이 전해진 날, 그리스 전 국민은 조기를 내걸었어요. 그리고 그녀가 그토록 꿈꾸었던 파르테논 마블스의 반환 운동은 아직도 계속되고 있답니다.

프랑스의 두 얼굴

'밀로의 비너스'도 그리스의 대표적인 문화유산이에요. 그런데 이 조각상도 그리스가 아닌 프랑스의 루브르 박물관에 전시되어 있답니다. '밀로의 비너스'는 1820년, 밀로스 섬 아프로디테 신전 근방에서 한 농부에 의해 발견되었는데, 당시 이 섬에 정박 중이던 프랑스 해군이 가져가 버렸기 때문이지요. 메르쿠리는 프랑스에 '밀로의 비너스'도 반환을 요청했어요. 하지만 프랑스는 아직도 그 반환 요청을 받아들이지 않고 있답니다. 그런데 루브르 박물관의 예술품 대부분이 다른 나라의 것이란 사실을 알고 있나요? '모나리자'는 이탈리아 화가 레오나르도 다 빈치의 작품이고, '스핑크스'는 이집트의 문화재예요. 우리나라의 문화유산들 중에도 프랑스에 있는 것이 많답니다. 예술품을 프랑스에 잃은 많은 나라들이 현재 문화재 반환 운동을 벌이고 있지만 프랑스 역시 영국처럼 반환을 인정하지 않고 있지요. 그러면서도 프랑스 정부는 다른 나라에 빼앗긴 자신들의 문화재를 되돌려 받는 일에는 적극적으로 나서고 있답니다. 제 나라의 문화재는 반드시 돌려받으면서 남의 것은 돌려주지 않는 프랑스! 이것이 프랑스의 두 얼굴이에요.

밀로의 비너스

모나리자

스핑크스

루브르 박물관

안의와 손홍록
마지막 '조선왕조실록'을 지켜라!

안의와 손홍록

안의와 손홍록은 임진왜란 당시 전라도 태인에 사는 지방 유생이었어요. 전주 실록이 위험하다는 소식을 들은 두 사람은 실록이 모셔진 경기전으로 달려가 실록을 안전한 곳으로 옮기고 지키는 일을 했어요. 임진왜란 도중 전주 실록은 우여곡절을 겪으며 강화도까지 옮겨졌는데, 안의는 이때 병을 얻어 죽고 말았지요. 손홍록은 실록이 다시 영변 묘향산의 보현사로 옮겨질 때도 참가했어요. 전쟁이 끝나자, 그 공을 인정받아 안의에게는 종6품 선교랑 활인서 제조, 손홍록에게는 종6품 선무랑 사포 제조의 벼슬이 내려졌어요.

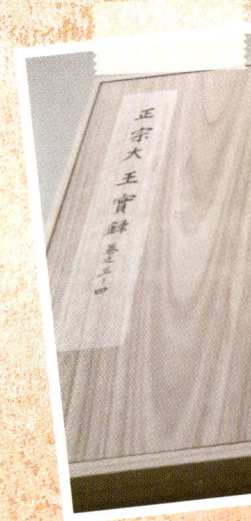

조선왕조실록

'조선왕조실록'은 조선의 기록 문화 전통을 대표하는 문화유산이에요. 자그마치 472년간의 역사적 사실을 기록한 왕조 실록으로, 단일 왕조에 관한 세계 최대 규모의 역사책이지요. 그런 가치를 인정받아 유네스코 세계 기록 유산으로 등재된 '조선왕조실록'은 우리나라 국보 제151호의 문화유산이기도 해요.
그런데 이 책은 엄청난 수난의 역사를 겪었단 사실을 알고 있나요? 임진왜란과 일제 치하의 위기 속에서 '조선왕조실록'은 매번 일본이 노리는 첫 번째 문화재였거든요. 특히 임진왜란 당시엔 한 줌 재로 사라질 위기에 처했어요. 안의와 손홍록이 없었다면 아마도 지금은 기록 속에서만 전하는 전설의 책이 되고 말았을 거예요. 과연 '조선왕조실록'은 어떤 위기에 놓였던 걸까요? 안의와 손홍록은 어떻게 이 책을 지켜 냈을까요?

전주 실록이 있던 경기전

보물이 숨겨진 동굴

"큰일 났어요. 왜놈들이 금산까지 밀려왔답니다."

전라도 지방 유생인 안의는 손홍록이 전하는 소식에 깜짝 놀랐어요. 임진왜란이 터지고, 왜군이 전주를 향해 진격해 오고 있다는 소식은 들었지만, 벌써 금산까지 왔을 줄은 몰랐거든요.

"이제 곧 전주에 들이닥칠 겁니다. 그럼 전주 사고에 있는 실록이 위험해요."

"이 일을 어쩌면 좋소? 전주 사고의 실록마저 사라진다면 이 나라에서 '조선왕조실록'은 완전히 사라지는 게 아니오? 그냥 두고 볼 순 없는 일이오. 당장 전주로 가 봅시다."

안의와 손홍록은 그길로 전주를 향해 달려갔어요.

'조선왕조실록'은 정치, 외교, 군사, 제도, 법률, 경제 등의 역사적 사실을 각 왕대별로 나누어 연월일의 순서에 따라 적은 역사 기록물이에요. 조선의 역사가 고스란히 담긴 책이지요. 궁궐에서는 실록을 후대에 잘 물려주기 위해, 실록을 인쇄할 때에는 모두 4부를 만들었어요. 4부 중 1부는 궁궐 안의 춘추관(조선 시대에 정치나 행정 일을 기록하던 관청)에 보관하지만, 나머지 3부는 전주와 충주, 그리고 성주로 보내서 보관하게 했어요. 혹여 불이 나거나 침입을 받을 경우, 한꺼번에 사라지는 것을 막기 위한 방법이지요.

그런데 왜군들이 침입하면서 춘추관과 충주, 성주의 실록이 모두 불타거나 사라졌단 소식이 전해지고 있었어요. 이제 남은 것은 단 한 곳, 전주의 실록뿐이었지요. 무슨 방법을 써서라도 지켜 내야 할 실록인 거예요.

손홍록이 전주로 달려왔을 때, 마침 참봉으로 있던 오희길도 여러 관리들과 함께 실록을 피신시킬 논의를 하고 있었어요.

"땅속에 깊숙이 실록을 묻는 것은 어떻소?"

"저 많은 양을 언제 묻는단 말이오. 용케 묻는다 해도 그걸 모를 왜군들이 아니오."

"그럼 어찌한단 말이오?"

"깊숙한 산속으로 옮기는 건 어떻소?"

"그거 좋은 생각이오. 정읍의 내장산에 있는 은봉암이라면 안전할 듯하오."

하지만 저 많은 책을 어떻게 모두 산으로 옮길까? 사람들의 걱정은 이만저만이 아니었지요.

그러자 마침 도착한 안의가 나섰어요.
"우리가 말과 소를 가져왔소. 상자에 담은 뒤, 나눠 싣는다면 가능할 게요."
손홍록도 힘을 보탰어요.

 "소와 말로도 부족하면 젊은이들과 우리가 힘을 모아 지게에 지고, 어깨에 메고 가면 되지 않겠소."
 나이 든 안의와 손홍록이 의욕적으로 나서자 젊은 관리들도 힘이 솟았지요.

"그럽시다! 관아의 장정들과 군사들까지 모으면 충분히 가능할 것이오."

사람들은 너나 할 것 없이 한마음으로 뭉쳤어요.

수십 상자에 달하는 실록 상자들이 수레와 소 등에 실렸어요. 나머지 상자는 사람들이 지게에 실어서 메기도 하고, 어깨에 짊어지기도 했지요.

"자, 어서 출발합시다!"

많은 사람들의 마음이 모인 탓일까요? '조선왕조실록' 전주 사고본은 무사히 내장산으로 옮겨졌답니다.

하지만 걱정이 끝난 건 아니었어요. 동굴 속으로 옮겨지다 보니 이런저런 위험이 닥쳐왔거든요. 비가 오기라도 하면 실록이 젖을까 조마조마했어요. 게다가 왜군이 언제 들이닥칠지 모르는 상황이라 늘 불안하기만 했지요. 누군가 목숨을 걸고서 나서지 않으면 실록을 지켜 낼 수 없는 상황이었어요.

이번에도 안의와 손홍록이 나섰지요.

"우리가 이곳에서 실록을 지킵시다!"

사실 두 사람은 험한 산속에서 오랜 시간 지낼 수 있는 상황이 아니었지요. 안의는 64세, 손홍록은 56세라는 적지 않은 나이니까요. 하지만 두 사람의 결심은 흔들리지 않았어요.

"이곳에 있는 실록은 이 나라에 남은 마지막 실록이오. 무슨 일이 있어도 지켜 내야 하오! 우리 두 사람이 목숨을 바쳐서라도 반드시 지켜 내겠소!"

'조선왕조실록'을 지켜 낸 사람들

안의와 손홍록은 14개월이란 긴 시간 동안 내장산에게 실록을 지켜 냈어요.

안의는 당시 실록을 피난시키고 지키면서 '난중일기초'라는 책을 썼는데, 그 기록에 의하면 안의와 손홍록이 함께 지킨 날이 53일, 안의가 혼자 지킨 날이 174일, 그리고 손홍록이 지킨 날이 143일이었다고 하지요.

당시 실록을 옮기고 지키는 일에는 많은 경비도 필요했는데, 두 사람은 그 경비까지도 자신들의 재산을 털어 마련했답니다.

안의와 손홍록의 이런 노력으로 결국 전주 사고본 '조선왕조실

록'은 임진왜란이라는 전란 속에서도 불타지 않고 보존될 수 있었지요.

그리고 전쟁이 끝나자, 전주 사고본은 실록을 다시 만드는 원본이 되었어요. 원본으로 실록은 다시 5부가 인쇄되었는데, 춘추관, 강화도 마니산, 평안도 묘향산, 경상도 태백산, 강원도 오대산에 각각 나뉘어 보관되었지요.

그런데 전주 사고본이 지켜진 이야기 속엔 우리가 빼놓아서는 안 될 사람들이 있어요.

당시 내장산에 보관되었던 전주 사고본 '조선왕조실록'은 다시 해주, 강화도를 거쳐 묘향산으로 옮겨졌다가 또다시 강화도까지 이동하는 고초를 겪었답니다. 그 기간이 무려 10년간 800여 킬로미터에 이르는 길이었어요.

그리고 그 길엔 오직 실록을 지키겠다는 일념으로 직접 등짐을 지고 산에 오른 수많은 사람들이 있었어요. 바로 이 나라의 백성들이지요. 안의와 손홍록은 물론, 이름 모를 스님들과 무사들, 그리고 사당패에 나무꾼까지 모두가 한마음으로 실록을 지켜 냈던 거예요.

만약 내 일처럼 나서서 등짐을 지고 실록을 나른 수많은 백성들이 없었다면 안의와 손홍록이 아무리 애를 썼다한들 그 많은 양의 책을 내장산으로 옮길 순 없었을 거예요. 결국 '조선왕조실록'은 전주에서 불타 없어지고 말았겠지요.

전주 사고본 '조선왕조실록'의 이야기는 백성들의 작은 힘 하나하나가 모이면 얼마나 큰일을 해낼 수 있는지를 보여 주는 본보기가 되고 있어요. 안의와 손홍록의 바람, 백성들의 마음, 그 모든 것들이 함께 모여서 이뤄 낸 기적 같은 일이었으니까요.

반달리즘

임진왜란과 일제 식민지 기간 동안 일본은 우리나라의 문화 유산을 마구잡이로 파괴하고 약탈해 갔어요. 이런 행위를 '반달리즘'이라고 해요. '반달'이란 용어는 반달족에서 유래한 단어인데, 455년 유럽의 민족 대이동 때, 반달족이 다른 민족에게 포악한 약탈을 행하고 잔혹한 파괴 행위를 했다는 데서 유래된 말이에요. 게르만족의 일파인 반달족은 훈족을 피해 서쪽으로 이동하면서 갈리아의 일부를 침입해서 국토를 황폐하게 만들었어요. 그리고 로마를 침입해서 약탈을 일삼았지요. 이런 반달족의 약탈과 파괴 행위에서 반달리즘이란 용어가 생겨났는데, 지금은 무자비한 파괴 행위를 가리키는 말이 되었지요. 임진왜란 당시 왜군들에 의해 자행된 문화재 파괴는 우리나라에서 일어난 반달리즘 중 가장 대표적인 사건으로 꼽힌답니다.

1914년 일제의 도시계획으로 철거된 옛 소의문

현재의 소의문터

일제에 의해 양쪽 성벽이 헐린 옛 숭례문

복원된 현재의 숭례문

유네스코
수몰 위기에 빠진 아부심벨 유적을 구하라!

아부심벨 유적

유네스코

유네스코는 국제 연합 전문 기구로 공식 명칭은 '유엔 교육 과학 문화 기구'예요. 교육·과학·문화의 보급 및 교류를 통하여 국가 간의 협력 증진을 목적으로 설립된 단체인데, 인류가 보존하고 보호해야 할 문화와 자연 유산을 세계 유산으로 지정하여 보호하는 일을 하지요. 유네스코 본부는 프랑스 파리에 있는데, 우리나라도 1950년에 가입했어요.

유네스코 로고

대규모 전쟁을 통해 세계 곳곳에서 소중한 문화유산들이 파괴되었어요. 하지만 문화유산이 전쟁을 통해서만 파괴된 건 아니랍니다. 과학 문명이 발달하면서 개발이나 환경 문제로 파괴되어 가는 문화유적이 늘고 있거든요.
그 대표적인 유적이 바로 이집트의 아부심벨 유적이에요. 이집트 정부가 아스완 댐 건설을 추진하면서 아부심벨 유적은 물속에 잠길 위기에 놓였어요. 그러자 세계 사람들은 소중한 유적이 사라질까 안타까워했고, 마침내 국제 연합 전문 기구인 유네스코가 아부심벨 유적을 구하기 위해 나섰어요. 아부심벨 유적은 어떻게 수몰 위기에서 살아날 수 있었을까요? 유네스코는 어떤 단체일까요?

아부심벨 유적 프로젝트

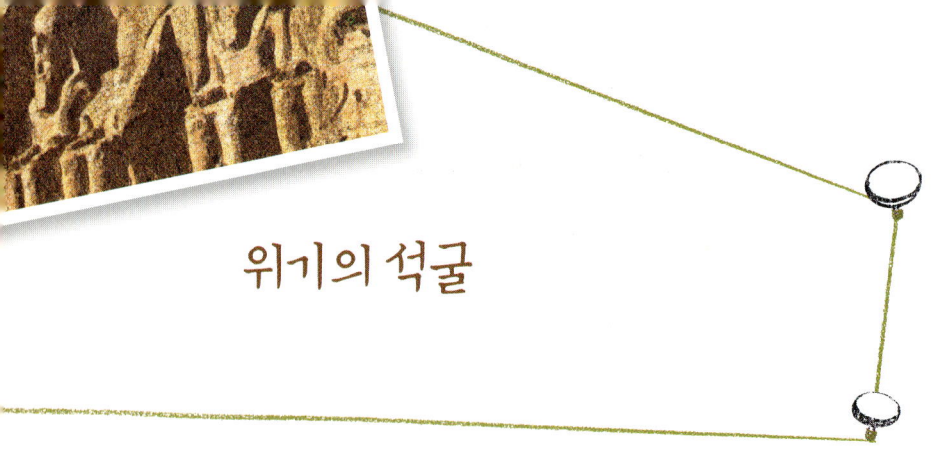

위기의 석굴

1959년, 전 세계 신문들은 일제히 이집트의 석굴에 관한 기사를 실었어요.

이집트 최대의 석굴, 아부심벨 유적이 수몰 위기에 놓이다!
이집트 정부는 나일 강 나세르 호수에 아스완 댐을 건설해서 고질적인 강의 범람을 막고 부족한 에너지도 공급하겠다는 야심찬 계획을 세웠다.
그런데 이 때문에 큰 문제가 생겼다. 댐이 완성되면 역사적인 유적지 아부심벨 신전이 호수 속에 수몰된다는 것이다.

아부심벨 유적이 수몰 위기에 놓였다는 소식은 전 세계를 떠들썩하게 했지요.
"세상에! 그럼 석굴 신전이 물에 잠겨 버리는 거잖아."
"그 아름다운 신전을 다시는 볼 수 없단 거야?"

이집트 누비아 지방에 있는 아부심벨 유적은 이집트를 대표하는 신전이에요. 고대 이집트 왕 중 가장 강력한 힘을 가졌던 람세스 2세에 의해 만들어진 석굴 신전이지요.

아부심벨 유적은 대신전과 소신전, 두 개로 구성되어 있는데, 소신전은 왕이 왕비인 네페르타리를 위해 만든 것이었어요. 네페르타리는 클레오파트라 그리고 네페르티티와 함께 이집트의 3대 미녀로 일컬어지는 왕비지요.

소신전은 이미 댐 공사로 물에 잠겨 버렸다는 소식까지 전해지자, 사람들의 안타까움은 더 컸어요.

"이제 대신전마저 물에 잠겨 버릴 거야. 어떡해!"

하지만 이집트 정부는 끄떡도 하질 않았어요.

"강의 범람으로 우린 늘 식량 부족을 겪고 있어. 수력 발전 에너지도 필요하기 때문에 댐 건설을 절대 중단할 순 없어!"

오래된 유적을 보존하는 일보다는 당장 이익이 되는 에너지 개발이 중요하다고 생각한 거예요.

눈앞에서 속절없이 사라져 가는 신전을 보며 이집트 사람들은 발만 동동 굴러야 했지요.

"신전이 정말 이대로 사라져 버린단 말인가!"

그런데 뜻밖의 일이 벌어졌지 뭐예요. 세계 곳곳에서 댐 공사를 중단하고 유적을 구해야 한다는 소리가 터져 나왔거든요.

"아부심벨 유적이 수몰되는 건 인류 역사의 한 페이지가 수몰되는 것과 같소. 아부심벨 유적을 지켜야 합니다."

이집트의 유적인 아부심벨 유적! 하지만 그건 곧 인류 전체의 문화유산이기도 하다는 생각이 사람들의 마음을 움직인 거예요.

전 세계인의 마음이 모아지자, 유네스코가 본격적으로 나섰어요. 문화 교류와 관련된 일을 하는 국제적인 단체인 유네스코는 사라질 위기에 놓인 아부심벨 유적 사태를 그냥 두고 볼 순 없었던 거지요.

유네스코는 고민 끝에 좋은 방법도 내놓았어요.

"아부심벨 유적을 댐보다 높은 위치로 옮기도록 합시다."

이집트 정부가 추진하는 댐 건설을 지속하면서도 유적을 살릴 수 있는 방법이었지요. 하지만 입구 부분만 해도 22미터에 달하는 석상이 네 개나 있는 석굴을 옮기는 일이 가능하기나 한 걸까요?

소식을 전해 들은 세계인들은 모두 고개를 갸웃했어요.

"대체 그 엄청난 석상과 석굴을 어떻게 옮긴다는 걸까?"

세계 문화유산 선정의 계기가 된 아부심벨 유적 프로젝트

아부심벨 유적을 옮기는 작업은 엄청난 일이었어요. 유적을 옮기려면 일단 거대한 석상과 석굴을 2000조각으로 잘라야 해요. 그래도 조각 하나의 무게는 20~30톤이나 되었지요. 그것을 옮기려면 특수 기계가 필요하고 특별한 기술을 가진 기술자가 3000명 이상 필요했답니다. 한마디로 세계가 힘을 모아야 하는 프로젝트! 엄청난 노력과 시간, 그리고 막대한 공사비가 투입되어야만 가능한 세계적인 프로젝트였던 거예요.

이 엄청난 문화재 이전 프로젝트를 지켜보며 사람들은 걱정을 했어요.

"정말 가능한 일일까? 성공할 수 있을까?"

하지만 걱정과는 달리, 아부심벨 유적 이전 프로젝트는 당당히 성공을 거둘 수 있었어요. 뜻을 가진 세계 113개국이 프로젝트에 함께 참여해서 힘을 모은 결과였지요.

수많은 나라의 인력과 기술력, 그리고 노력이 함께 모인 결과, 5년 뒤엔 조각조각 분리되었던 신전이 다시 제 모습을 드러냈답니다. 본래 모습과 다를 바 없는 당당하고 아름다운 모습으로 말이에요. 바뀐 것은 위치뿐이었어요. 원래 자리에서

180미터 떨어진 곳에 다시 세워진 대신전과 소신전은 수몰을 피해 65미터나 더 높은 곳에 지어졌거든요.

　다시 모습을 드러낸 유적 앞에서 세계인은 환호와 박수를 보냈지요. 사라져 버릴 소중한 문화유산을 지켜 낸 사람들에게 보내는 찬사였어요. 5년이란 긴 세월과 약 4천만 달러에 이르는 엄청난 공사비, 그리고 수많은 전문가와 노동자 들의 땀과 노력이 없이는 가능할 수 없었던 일이었으니까요.

그런데 아부심벨 유적 프로젝트는 당시 사람들에게 커다란 깨달음을 주었어요. 위기의 문화유산도 세계가 힘을 모으면 지켜 낼 수 있다는 자신감을 준 거예요. 더불어 문화유산은 세계가 함께 지켜야 할 소중한 것이라는 사실도 깊이 깨닫게 했지요.

그리고 이런 깨달음은 의미 있는 결과를 만들어 냈답니다. 1972년, 유네스코가 세계 문화유산 협약을 채택하며 세계의 문화유산과 자연 유산을 보호하는 일에 앞장서는 계기가 되었거든요.

유네스코는 '세계 문화유산'을 선정하고 '세계 문화유산 목록'을 만드는 일도 시작했지요. '세계 문화유산'이란 인류 전체를 위해 보호되어야 할 가치가 있다고 인정되어 유네스코 세계 문화유산 일람표에 등록된 문화재를 말해요.

아부심벨 유적의 신비

아부심벨 유적은 신비한 빛으로도 유명해요. 신전 안으로는 일 년에 두 번, 람세스 2세의 생일인 2월 21일과 람세스 2세가 즉위한 날인 10월 21일에 빛이 들어오는데, 그 빛이 화제가 된 거예요. 그런데 어떻게 일 년 중 두 날에만 빛이 들어올 수 있게 만들 수 있었을까요? 그것은 유적이 만들어지던 3000년 전, 이집트 설계사가 천문과 별점, 지리학 등에 대한 지식을 통해 특수하게 설계했기 때문이라고 하지요. 하지만 이제 2월 21일과 10월 21일이 되어도 그 빛은 볼 수가 없어요. 유적을 옮기면서 위치가 바뀐 탓이지요. 대신 지금은 원래 날짜의 다음 날인 2월 22일과 10월 22일에 그 빛을 볼 수 있답니다.

아부심벨 유적 왼쪽

아부심벨 유적 오른쪽

아부심벨 유적 전체 모습

시중쉰
중국 시안 성벽을 지켜 내다

시중쉰
(1913.10.15 ~ 2002.5.24)

시중쉰은 중국의 정치가예요. 마오쩌둥을 도왔던 정치가로 덩샤오핑과 함께 중국의 개혁과 개방을 선도한 정치가로 인정을 받고 있지요. 시안 성벽이 위기에 놓였을 당시엔 국무원 비서장이란 지위에 있었는데, 그의 결단으로 성벽은 파괴의 위기를 넘길 수 있었어요. 중국 시진핑 국가 주석의 아버지로 더 잘 알려져 있어요.

시중쉰

시안 성벽

시안 성벽은 중국의 역사를 말해 주는 소중한 문화유산 중 하나예요.
명나라 때 세워진 성벽으로 현존하는 최대 규모의 고성벽이지요.
그런데 이 성벽도 1950년대에 사라질 위기에 놓였답니다.
중국의 변화하는 정치 상황 때문이었지요.
당시 중국엔 무슨 일이 벌어진 걸까요?
시안 성벽은 왜 사라질 위기에 빠진 걸까요?
당시 위기의 시안 성벽을 살려 낸 것은
시중쉰이란 사람의 결단이었어요.
시중쉰은 어떤 결단을 내린 걸까요?

시안 성벽

진시황 능 병사 토용

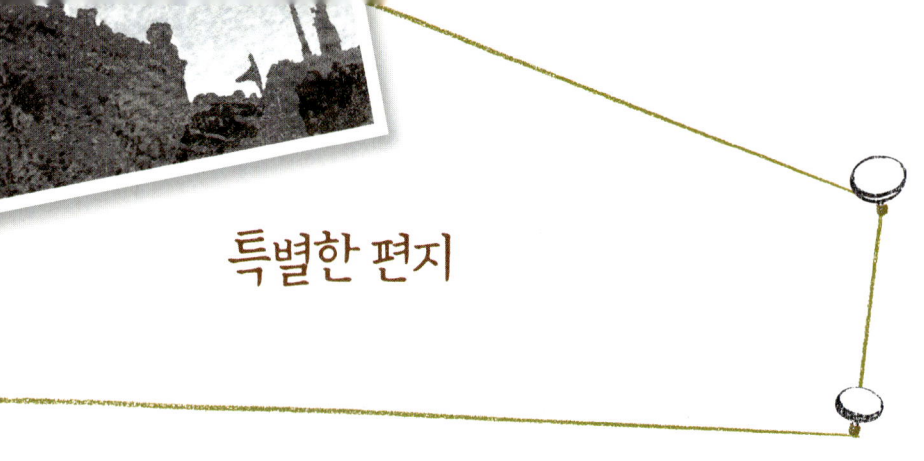

특별한 편지

　국무원 비서장 시중쉰에게 어느 날 낯선 편지가 한 통 날아왔어요. 역사학자인 우바이룬에게서 온 편지였지요.

　"역사학자가 무슨 일로 내게 편지를 보냈을까?"

　시중쉰은 고개를 갸웃거리며 편지지를 뜯었어요. 그런데 편지를 읽은 순간, 시중쉰의 두 눈이 휘둥그레지고 말았지 뭐예요.

　오랜 역사의 상징인 시안 성벽이 사라질 위기에 놓였습니다.
　시안에서 성벽을 허물려고 하고 있어요.
　시안 성은 절대 허물면 안 되는 중요 문화재입니다.
　시안 성 철거를 막아 주십시오.

　　　　　　　　　　　　　　　　　　　　　-우바이룬-

시안 성 철거를 막으려는 역사학자의 애끓는 편지였지요.

"뭐? 시안 성벽을 허문다고?"

시중쉰은 심각한 표정이 되었어요.

"시안 성벽은 내가 어린 시절부터 드나들며 자란 곳이야."

고향이 시안 성에서 가까운 푸핑현이라서 시중쉰은 시안 성벽에 대한 추억이 많았거든요. 시중쉰은 역사학자 우바이룬의 마음을 알 것 같았어요.

"아무도 시안 성벽을 지켜 달라는 말엔 관심이 없을 거야. 살기도 어려운데 낡은 성벽에 관심을 가질 사람이 어딨겠어. 그래서 고향이 그곳인 내게 간절한 마음으로 편지를 쓴 거야. 시안 성벽을 지켜 달라고!"

순간 시중쉰의 머릿속으로 얼마 전에 사라진 베이징 성이 떠올랐지요. 속절없이 사라져 버린 베이싱 성!

얼마 전 새로운 수도를 건설한다는 이유로 오랜 역사를 간직했던 베이징 성도 파괴가 되었어요. 많은 사람들이 반대를 했는데도, 결국 중국 정부는 베이징 성의 파괴를 결정했던 거예요.

시중쉰은 사실 베이징 성의 파괴가 몹시 안타까웠답니다.

'베이징 성이 사라진 건 우리 중국 역사의 일부분이 사라진 것과 같아.'

그런데 이젠 시안 성까지 사라질 위기에 놓이다니!

'왜 우리나라 정치인들은 모든 걸 부수고 새것을 지어야 한다고 생각하는 걸까? 왜 베이징 성의 해체에 이어 시안 성까지 허물고 새로운 도시를 건설하려는 거지? 역사를 품은 도시는 그 자체로 이미 소중하고 값지단 걸 왜 모를까?'

시중쉰은 답답했어요. 그럴수록 각오도 확실해졌지요.

"안 돼! 시안 성까지 사라지게 할 순 없어."

시중쉰은 결단을 내렸어요. 제 힘으로 시안 성의 철거를 막기로 한 거예요.

시중쉰은 바로 관련 부처에 지시를 내렸어요.

"시안 성벽은 중요 문화재다. 보호해야 한다. 철거해서는 안 된다."

중국 최고의 유적 도시 시안!

시중쉰의 결단은 시안 성벽을 지켜 낼 수 있는 큰 힘이 되었어요. 시안 성벽 철거에 대한 찬성과 반대 의견이 대립되고 있었는데, 중요한 지위에 있던 시중쉰이 결단을 내림으로써 시안 성벽은 보존하는 걸로 결정이 되었거든요.

그런데 당시 중국 정부는 왜 시안 성벽을 없애려고 했던 걸까요? 그 이유엔 혼란스럽던 중국 대륙의 정치 상황이 있었어요.

당시 중국 대륙은 정치적인 변동기였어요. 중국을 대표하는 국민당과 공산당이 각축을 벌이다가 마오쩌둥이 이끄는 공산당이 1949년 1월, 베이징에 입성을 했거든요. 그리고 난징과 상하이, 창사까지 손에 넣으며 1949년 10월 1일, 마침내 마오쩌둥은 '중화인민공화국' 수립을 선포했답니다.

그러자 정치가들 사이에 새로운 사회주의 수도 건설을 주장하는 의견이 나왔고, 그 때문에 베이징이란 도시가 해체된 거예요. 그 과정에서 소중한 문화유산이던 베이징 성은 흔적도 없이 사라져 버렸던 거지요. 그리고 뒤이어 시안 성벽을 해체하자는 의견까지 나왔던 거랍니다.

시안은 중국의 고대 13개 왕조가 수도나 근거지로 삼았던 곳이에요. 그래서 약 1200년 동안이나 중국의 정치, 경제, 문화, 예술의 중심지이자, 고대에 서양과 동양을 연결했던 실크로드의 기점이기도 했어요. 시안은 다행히 시중쉰의 결단으로 해체의 위기를 벗어나면서 중국을 대표하는 유적 도시가 되었지요.

시안엔 시안 성벽 외에도 훌륭한 문화유산이 아주 많답니다. 중국 진나라의 수도이기도 했던 시안엔 진시황 능, 화청지, 종루 등 고대 건축물과 유적, 그리고 다양한 유적지들이 분포되어 있거든요.

특히 시안 동북쪽에 있는 진시황 능과 병마용갱은 중국을 방문하는 사람이라면 누구나 가 봐야 한다고 여기는 소중한 유적이지요. 진시황 능과 병마용갱은 오랫동안 전설로만 전해지던 유물이었어요. 진시황에 대한 이상한 전설이 전해지고 있었거든요.

진시황은 자신이 죽은 뒤 묻힐 안식처를 미리 지었는데, 70만 명이나 되는 사람들이 10년 넘게 공사를 했다는 거였지요. 그리고 그 안에는 아름다운 가재도구와 보석, 진귀한 물건은 물론, 궁궐과 탑, 관청 건물까지 세워져 있다는 이야기였어요. 전설이라고 밖에는 믿기 어려운 이야기였지요.

그런데 정말 그 무덤이 모습을 드러냈지 뭐예요.
1932년, 시안에서 일을 하던 농부들은 이상한 인형을 하나 발견했어요. 무릎을 꿇고 있는 인형이었는데, 그런 인형은 주변에서 4개나 잇따라 발견되었어요. 하지만 사람들은 그것이 전설의 이야기와 관련이 있을 거란 생각은 하질 못했지요.
그러다 1974년, 들판에서 우물을 만들기 위해 흙을 파던 농부들

은 흙을 빚어 만든 실물 크기의 도기 인형을 다시 발견했고, 그것이 고대에 순장할 때 사람 대신으로 무덤 속에 함께 묻었던 인형인 토용이라는 사실을 알게 되었답니다. 그 토용이 진시황의 전설과 관련이 있다는 사실도 말이에요.

진시황은 미리 만든 안식처에 자신을 지켜 줄 호위 병사들의 토용도 함께 만들어 두었던 거지요. 이것들은 '병마용갱'이라고 불러요. 전설로만 전해지던 진시황의 안식처가 드디어 모습을 드러낸 거예요.

진시황의 안식처는 어마어마한 규모였어요. 전설에서 전해지는 그대로였지요. 그 규모는 너무나 커서 아직도 다 발굴하지 못했을 정도랍니다.

그 때문에 중국 도시 시안은 중국 고대 문명을 알 수 있는 문화의 보고로 인정을 받고 있어요. 그러니 시안을 둘러싼 시안 성벽의 가치는 말로 표현할 수 없을 정도지요.

그런데 만약 시중쉰이 우바이룬의 편지를 그냥 쓰레기통에 던져 버렸다면 어떻게 되었을까요? 다른 정치인들처럼 오래되고 낡은 도시는 버리고 새로운 도시를 건설해야 한다고 주장했다면 말이에요. 아마도 역사의 도시 시안은 지구상에서 영원히 사라져 버렸을 거예요. 현재 중국을 대표하는 소중한 문화유산과 함께 말이죠.

묘지기와 도굴꾼들의 한판 승부, 건릉

중국엔 재미있는 묘가 하나 있어요. 당 고종 이치와 무측천 부부의 합장묘인 건릉이 바로 그것이지요.

중국은 예부터 무덤 속에 귀한 보물이나 보석을 함께 묻는 풍습이 있었어요. 그 때문에 무덤에서 보물을 꺼내려는 도굴꾼들이 기승을 부렸지요. 그래서 도굴꾼을 막는 방법이 발달을 했는데, 건릉은 그 방법의 결정판이라고 할 수 있답니다.

건릉엔 현궁이란 곳이 있는데, 그곳을 들어가는 문은 철옹성이나 다름이 없어요. 문을 돌로 막고, 그 돌의 틈새는 쇠를 녹여서 가운데를 고정시켜 버렸거든요. 그런데도 도굴꾼들은 끊임없이 건릉을 노렸어요.

손련중이란 사람은 아예 군대를 이끌고 와서 능의 벽을 폭파하기도 했어요. 그러자 거대한 폭음과 함께 검은 구름이 공중으로 치솟으며 사방이 암흑에 휩싸였지요. 뒤이어 거대한 회오리바람이 몰려와서 19명의 병사를 휩쓸고 가 버렸답니다. 그들은 몇 바퀴를 돌다가 먼 들판으로 나가떨어졌는데, 모두 피를 토하고 그 자리에서 죽었다고 해요.

이런 소문들 때문일까요? 건릉은 당나라 왕조의 18개 능 중 유일하게 도굴을 당하지 않은 능이 되었어요.

건릉

무릎 꿇은 병사 토용

카불의 7인의 열쇠지기
아프가니스탄의 보물을 지켜 낸 사람들

카불 박물관 안

카불의 7인의 열쇠지기

아프가니스탄의 카불 박물관에서 일하던 직원 중 7명으로 이름이 알려져 있지 않아요. 그들은 내전으로 박물관 유물들이 파괴되고 도난당할 당시, 황금 유물들을 지켜 내기 위해 힘을 모았지요. 그 사실이 알려지면서 그들은 '카불의 7인의 열쇠지기'로 불리게 되었답니다.

틸라 테페에서 발굴된 유물

아프가니스탄은 나라 전체가 박물관과 같아요. 중앙아시아와 남아시아, 중동 지역의 교차 지점에 위치했기 때문에 고대 문명의 발달을 한눈에 볼 수 있는 유물이 나라 안에 가득하거든요. 그런데 전쟁과 내전이 끝없이 이어지면서 국토의 대부분이 파괴되고 말았어요. 나라 안과 박물관에 가득하던 문화유산들도 대부분 사라졌고, 고고학자들은 사라진 아프가니스탄의 유물을 한 점이라도 찾아내기 위해 애를 썼지요. 그런데 아프가니스탄 사람들이 특히 찾고 싶어 하는 유물이 있었어요. 카불 박물관에 있다가 내전이 한창이던 시기에 사라져 버린 황금 유물들! 그것은 틸랴 테페라는 곳에서 출토된 것으로 아프가니스탄을 대표하는 유물이었지요. 그런데 그 유물이 사라진 데는 '카불의 7인의 열쇠지기'란 사람들이 연관되어 있었어요.

'카불의 7인의 열쇠지기'란 누구일까요?
과연 아프가니스탄의 황금 유물은 어디로 사라진 걸까요?

카불 박물관

아프가니스탄 내전으로 파괴된 카불(1993년)

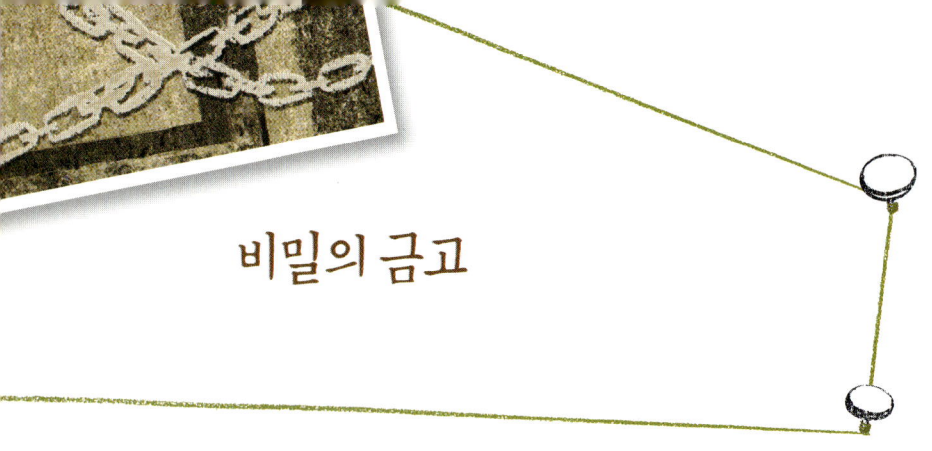

비밀의 금고

1980년 아프가니스탄, 그곳은 나라 안에서 벌어진 갈등으로 내전이 한창이었어요. 나라는 화염에 휩싸였고, 곳곳이 불에 타며 파괴되었어요. 아프가니스탄의 국립 박물관인 카불 박물관도 위험에 놓였지요.

박물관의 직원인 나즈볼라(가명)와 6명의 직원들은 당황했어요.

"어서 피해야 해! 무장 세력에게 잡히면 죽음을 면치 못할 거야."

하지만 아무도 선뜻 박물관을 나가지 못했어요.

무장 세력들이 몰려온다면 박물관의 유물들은 한순간에 파괴되거나 도난을 당할 게 뻔하지요. 이대로 도망을 가 버리면 박물관은 한순간에 쑥대밭이 되어 버릴 거예요.

"그냥 갈 순 없어. 유물들을 숨기고 가야 해."

"하지만 어디다 숨긴다는 거야? 시간이 없으니 굴을 팔 수도 없는데……."

"천장은 어때? 일단 그곳에라도 숨겨 보자고."

7명의 직원들은 되는 대로 손에 잡히는 유물을 건물 천장에 숨겼어요.

문제는 박물관에서도 가장 귀한 유물인 황금 유물! 그것은 옛 조상들로부터 만들어진 금 공예품과 상아 조각, 청동상, 불상, 금화 등으로, 그 값을 정하기 어려울 만큼 진귀한 2만여 점의 유물이었어요. 황금으로 된 것이다 보니 무장 단체가 가장 먼저 약탈하려 할 게 뻔했지요.

"천장도 불안해. 이건 다른 곳에 숨기자."

"그럼 어디에 숨기자는 거야? 여긴 더 숨길 곳이 없어."

"지하 금고는 어때? 중앙은행에 가면 지하에 금고가 있잖아."

"아하! 거기라면 찾아내기 힘들 거야. 좋아! 그곳에 숨기자."

7명의 직원들은 황금 유물을 나눠 들고 카불 중앙은행으로 달려갔어요.

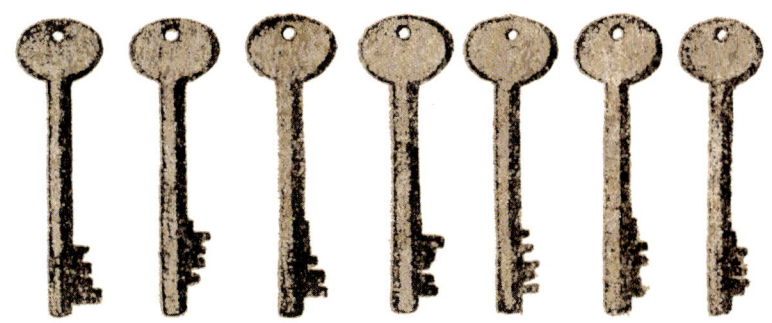

중앙은행의 지하 금고는 특수한 금고예요. 금고 열쇠는 7개나 되는데, 7개 모두를 넣고 한꺼번에 돌려야만 열리는 금고였답니다.

"무장 단체가 혹시 이 금고를 찾는다 해도 열쇠 7개를 모두 찾지 못하면 절대 열지 못해. 열쇠만 잘 감추면 되는 거야. 그런데 이 열쇠는 어디다 감추지?"

7명의 직원들은 다시 고민에 빠졌지요. 그리고 아주 기발한 방법을 생각해 냈어요.

"우리가 열쇠를 하나씩 나눠 가지는 거야. 그리고 각자 흩어져 버리는 거지."

7명의 직원들이 나눠 가진 7개의 열쇠! 모두가 한자리에 모이지 않으면 금고는 절대 열 수 없게 되는 거지요. 직원들은 뿔뿔이 헤어지며 단단히 약속도 했어요.

"이곳에 유물을 숨겼다는 건 나라가 평화를 되찾는 날까지 비밀로 해야 해. 그날이 되면 다시 만나서 금고를 열기로 약속하는 거야."

7명이 모여서 7개의 열쇠를 함께 돌리지 않는다면 절대 열리지 않는 금고! 그 누구도 열 수 없는 비밀의 금고가 탄생한 거예요.

20년 만에 나타난 황금 유물

그 후 20년 동안 7명의 약속은 철저히 지켜졌어요. 7명 중 그 누구도 입을 열지 않았고, 황금 유물은 내전 때 사라진 안타까운 문화유산으로만 여겨졌어요.

황금 유물을 잃은 아프가니스탄 국민들의 안타까움은 아주 컸어요. 안타까운 마음은 애먼 소문들만 만들어 냈지요.

"폭격으로 모두 사라졌다네."

"무장 세력들이 찾아서 모두 녹여서 팔아 버렸다던데."

사라진 유물이 중앙은행 지하 창고 금고 안에 있을 거라고는 아무도 상상하지 못했던 거예요.

그런데 내전이 잠잠해진 어느 날, 드디어 황금 유물이 다시 모습을 드러냈답니다. 그동안 입을 다물고 뿔뿔이 흩어졌던 7명의 직원들이 다시 모였거든요.

"이제 우리가 다시 모일 때가 됐어. 국민들에게 우리의 보물이 사

라지지 않았단 사실을 알려 주자고."

다시 모인 직원들은 이제 백발의 노인이 되어 있었어요. 그들은 가슴 속에 품고 온 열쇠를 하나씩 꺼내 놓았지요. 다 모인 열쇠는 7개!

7개의 열쇠를 금고에 모두 꽂은 직원들은 한꺼번에 열쇠를 돌렸어요. 무려 20년 동안이나 어둠에 묻혔던 황금 유물이 다시 빛을 본 순간이었지요.

황금 관, 불상, 금화 등 오랜 시간 숨어 있던 유물들은 기다렸단 듯이 한꺼번에 눈부신 빛을 뿜어냈어요.

다시 만난 유물 앞에서 아프가니스탄 국민들은 기쁨의 눈물을 흘렸지요. 그리고 7명의 직원이 지켜 준 약속에 고마워하며 그들을 '카불의 7인의 열쇠지기'라고 불렀답니다.

사실 '카불의 7인의 열쇠지기'의 약속은 얼마든지 깨질 수 있는 약속이었어요. 7명 중 누구라도 마음이 변하면 약속은 깨어지고 말았을 테니까요.

만약 그들의 마음속에서 '황금 유물을 꺼내서 팔면 어마어마한 돈을 벌게 될 거야. 그걸 7명이 나눠 가지면 우린 부자가 될 텐데.'라는 욕심이 생겨났다면 어떻게 되었을까요? 황금 유물은 금고에서 빼내지고, 결국 세계 곳곳으로 팔려 나가 흔적도 없이 사라졌겠지요.

결국 황금 유물은 지하 비밀 금고가 아닌, 7명의 마음속에 숨어 있었던 거랍니다. 나라의 문화유산을 지켜 내고야 말겠다고 다짐한 7인의 열쇠지기의 마음속에 말이에요.

카불의 7인의 열쇠지기는 그 마음을 이렇게 표현했어요.

"우리는 이 보물을 끝까지 지키겠다고 맹세했다. 목숨보다 귀한 우리의 문화유산이기 때문이다. 이제 이 유물들이 더 안전한 곳으로 옮겨져 우리 자손들도 자랑스러운 아프가니스탄의 유산을 보게 되길 바랄 뿐이다."

눈물의 바미안 석불

아프가니스탄에는 바미안 석불이란 자랑스런 유물이 있었어요. 세계 최대 크기의 석불로 아프가니스탄 수도 카불 서쪽 바미안 지방의 암벽에 새겨진 두 개의 마애 석불이었지요. 그런데 전쟁과 내전이 이어지면서 석불은 슬픈 운명을 맞고 말았어요.

슬픈 운명은 1979년 시작된 구 소련의 아프가니스탄 침공 사건에서부터 시작되었어요. 당시 러시아 병사들이 석불에 이름을 새기는 등의 행동을 하면서 석불의 훼손이 시작된 거예요. 1998년 내전 때에는 폭격으로 석불의 머리와 다리 부분이 부서지기도 했답니다. 그러다가 2000년엔 당시 아프가니스탄의 집권 세력이었던 탈레반의 최고 지도자 모하마드 오마르의 지시에 의해 석불에 로켓 포탄이 발사되었어요. 탈레반은 이슬람 정치 단체예요. 석불은 이슬람을 모독하는 유산이라는 이유였지요. 결국 그날의 포탄으로 바미안 석불은 완전히 파괴되고 말았어요.

바미안 석불이 파괴되기 전과 후

폰 콜티즈
프랑스 파리를 지켜 내다!

폰 콜티즈

디트리히 폰 콜티즈
(1894.11.9 ~ 1966.11.5)

1894년 11월 9일, 슐레지엔 슐로즈 바이제에서 태어났어요. 제1차 세계 대전 당시 서부 전선에서 중위로 근무하며 평생을 군인으로 살았어요. 제2차 세계 대전 때엔 독일의 파리 군사령관으로 임명되었는데, 당시 폭파 작전을 거부하며 파리를 지켜 냈어요.

프랑스라는 나라를 생각하면 누구나 도시 파리를 떠올리지요.
파리는 프랑스의 수도로 몽마르트 언덕과 퐁네프 다리,
개선문과 에펠탑이 있는 아름다운 도시니까요.
게다가 루브르 박물관을 비롯한 수많은 박물관과
미술관이 있는 문화의 도시이기도 해요.
그런데 1944년, 이 도시가 한 줌 재로 사라질 위기에 놓였답니다.
당시 파리에 있던 폰 콜티즈 사령관에게 특별한 명령이
떨어졌거든요.
"파리를 폭파하라!"
파리엔 무슨 일이 생긴 걸까요?
과연 파리는 어떻게 이 위기를 넘겼을까요?

1944년 제2차 세계 대전으로 파괴된 파리

현재의 파리 모습

파리는 불타고 있는가?

"따르르릉!"

1944년 8월, 파리의 독일군 초소에 전화벨이 울렸어요.

제2차 세계 대전의 막바지! 파리를 점령한 독일군의 사령관인 폰 콜티즈는 황급히 전화기를 들었지요.

'지금 우리 독일군이 연합군에게 패배를 당하고 있다지? 분명 몰려오는 연합군을 피해 파리에서 철수하라는 명령일 거야.'

콜티즈는 긴장된 표정으로 전화기를 들었어요.

그런데 전화기에서 들려오는 목소리에 콜티즈는 당황했답니다. 그건 히틀러의 목소리였거든요. 전쟁을 일으킨 장본인이자, 독일의 최고 지도자인 히틀러! 그가 직접 전화를 걸다니! 최고 지도자가 전화를 한 걸 보면 아주 중대한 일인 게 분명했지요.

"무슨 명령이든 수행하겠습니다."

콜티즈는 힘차게 소리쳤어요.

그런데 히틀러의 명령이 내려진 순간, 콜티즈는 얼음 조각처럼 온몸이 굳고 말았지 뭐예요.

"파리에서 후퇴할 때, 도시의 모든 기념물과 주요 건물을 하나도 남김없이 폭파하라!"

파리를 폭파하라니! 콜티즈는 제 귀를 의심했어요.

연합군이 노르망디 상륙 작전을 벌이며 전쟁의 주도권을 잡았단 소식은 이미 듣고 있었어요. 그만큼 히틀러가 당황하고 있다는 소식도 들었지요. 독일군이 점령한 파리에도 곧 연합군이 들이닥칠 거란 소문이 자자했어요. 그 때문에 콜티즈도 파리에서 퇴각할 준비를 하고 있었지요. 그런데 파리를 폭파하고 퇴각을 하라니!

콜티즈는 부르르 몸을 떨었어요. '파리를 내가 차지할 수 없다면 연합군에게도 줄 수 없어. 차라리 폭파를 시켜 버리자!'라고 결정한 히틀러의 욕심에 소름이 돋았던 거예요.

히틀러의 명령 앞에서 폰 콜티즈는 고민했어요.

'파리는 오랜 역사의 도시야. 이곳을 폭파하면 프랑스의 역사들이 모두 사라져 버려.'

파리는 역사와 전통이 깊은 도시예요. 오래된 건축물과 박물관, 미술관이 가득한 곳이지요. 파리가 폭파되면 에펠탑과 개선문도 사라질 거예요. 노트르담 대성당과 콩코드 광장도 파괴되겠지요. 루브르 박물관과 함께 수많은 예술품도 잿더미가 되어 버릴 거예요.

'내가 파리를 폭파하면 난 인류 역사에서 파리를 폭파한 파괴자로 기록될 거야. 그렇다고 명령을 거부할 수도 없어. 그럼 명령을 불복종한 반역자가 되겠지?'

콜티즈는 결정을 내리기 힘들었지요.

그러는 사이 히틀러는 계속 콜티즈를 독촉했어요.

"파리는 불타고 있는가? 어서 파리를 불태워! 이건 명령이다!"

이제 결단을 내려야 할 때가 된 거예요. 깊은 고민 끝에 콜티즈는 결단을 내렸어요.

'히틀러의 반역자가 될지언정, 인류 역사의 파괴자가 될 순 없어! 이건 히틀러의 욕심에 불과해!'

콜티즈는 히틀러에게 말했어요.

"예! 파리는 불타고 있습니다."

파리를 지켜 내기 위한 콜티즈의 거짓말이었어요.

콜티즈의 선택

당시 히틀러는 콜티즈에게 아홉 번이나 전화를 걸어야 했답니다. 그리고 아홉 번이나 같은 질문을 해야만 했어요.

"파리는 불타고 있는가?"

콜티즈는 히틀러의 명령을 바로 수행하지 못했던 거예요. 그만큼 콜티즈의 결정은 힘이 들었던 거랍니다.

그런데 만약 콜티즈가 히틀러의 명령을 따랐다면 어떻게 되었을까요? 물론 파리라는 도시는 잿더미가 되고, 파리의 수많은 문화유산들은 흔적도 없이 사라졌을 거예요.

사실 콜티즈의 선택은 아무나 할 수 있는 것이 아니었어요. 군대에서 상사의 명령에 불복종하는 일은 목숨을 내놓아야 하는 일이니까요. 그것도 당시 최고 지도자인 히틀러의 명령이었는데 말이죠. 게다가 프랑스는 콜티즈 입장에서는 적군의 나라였어요. 파괴되어 버린다 해도 '적의 나라인데 뭐!'라고 생각하면 그만이었지요. 하지만 콜티즈는 더 큰 가치를 생각했어요.

파리를 폭파하고 불태우는 데는 며칠의 시간이면 충분할 거예요. 하지만 다시 파리를 건설하려면 얼마의 시간이 필요할까요? 아마도 수십 년, 수백 년의 시간이 걸려야 할 거예요. 어쩜 수천 년의 시간을 들여도 다시는 회복되지 못할 수도 있답니다. 파리는 단순히 건물이 늘어선 도시가 아니라, 오랜 세월 동안 그곳에서 살아 온 사람들의 생각과 역사, 그리고 파리 사람들의 혼이 담긴 도시니까요.

인류의 역사가 담긴 소중한 문화의 도시! 그 도시를 파괴하는 것은 인류 역사의 범죄자가 되는 일이란 사실을 콜티즈는 잊지 않은 거예요.

그럼 콜티즈는 어떻게 되었을까요?

콜티즈의 선택은 그의 인생에서도 영광스런 선택이 되었어요. 물론 연합군이 파리에 입성할 당시엔 콜티즈와 그 부하들은 파리 한복판에서 시민들로부터 욕설과 침 세례를 받는 수모를 겪어야 했지요. 이리저리 끌려다니며 혼이 나는 수모도 당했어요.

하지만 그가 파리를 불바다에서 구해 냈다는 사실이 알려지자, 파리 사람들은 콜티즈에게 감사장과 명예 시민증을 주었어요. 그리고 그를 '파리의 구원자'로 불렀지요. 게다가 그가 죽었을 땐 프랑스의 주요 장군들과 외교관들까지 장례식에 참가해서 감사를 표하며 명복을 빌어 주었답니다.

폭파 위기에 놓인 덕수궁을 지켜 낸 제임스 해밀턴 딜

미군 장교 제임스 해밀턴 딜도 콜티즈처럼 다른 나라의 문화유산을 지켜 냈어요. 육이오 전쟁이 한창이던 서울, 한국전에 자원한 포교 장교 제임스 해밀턴 딜은 뜻밖의 명령을 받았어요. 인민군들이 머물고 있는 덕수궁을 폭격하라는 것이었어요. 하지만 제임스 해밀턴 딜은 주일 공사였던 김용주와 함께 당시 명령을 내린 맥아더 장군을 설득했어요.

"오랜 역사 동안 큰 위기를 이겨 내고 보존되어 온 문화재가 이번 폭격에 파괴되어 버린다면 한국엔 더 이상 문화재들이 존재하지 않을 것입니다."

결국 맥아더 장군도 두 사람의 의견에 수긍했고, 제임스 해밀턴 딜은 인민군이 덕수궁을 나올 때까지 기다렸다가 공격을 하는 기지를 발휘했지요.

19세기 덕수궁

현재의 덕수궁